Andreas Krohberger · Renate Völker

Lieblingsplätze

Andreas Krohberger · Renate Völker

Lieblingsplätze

Fellbacher stellen ihre Stadt vor

Mit Fotografien von Peter D. Hartung

Silberburg-Verlag

Der neu gestaltete Platz vor dem Fellbacher Familien- und Freizeitbad »F3« mit der Skulptur von Christa Roesner-Drenhaus weist den Weg der Stadt in eine städtebauliche Moderne.

Die Autoren:
Andreas Krohberger, geboren 1952 in Schorndorf, ist im Hochschwarzwald aufgewachsen und hat in Stuttgart Germanistik und Politikwissenschaften studiert. Nach dem Staatsexamen arbeitete er als Lokal- und Feuilletonredakteur, zuletzt als Ressortleiter beim Zeitungsverlag Waiblingen. Der Vater dreier Kinder lebt energieautark bei Winterbach und hat gemeinsam mit anderen Autoren Bücher zu heimatgeschichtlichen Themen, Wein- und Kochbücher sowie ein Kinderbuch veröffentlicht.

Renate Völker, geboren 1953 in Schorndorf, verheiratet, gelernte Redakteurin, war in Verlagen, Pressestellen und einer Nachrichtenagentur journalistisch tätig. Seit drei Jahrzehnten ist sie Freiberuflerin und schreibt unter anderem für das Remstalmagazin »Landluft«. Die Mutter zweier erwachsener Söhne hat Firmenchroniken und Bücher zu heimatgeschichtlichen Themen veröffentlicht sowie mit anderen Autoren Weinbücher und Bücher über schwäbische Gaststätten geschrieben.

Der Fotograf:
Peter D. Hartung, 1956 in Oberbayern geboren, lebt seit frühster Jugend in Fellbach und Umgebung. Als freier Fotograf ist er seit über 20 Jahren für verschiedene Auftraggeber in Deutschland und im benachbarten Ausland unterwegs.

1. Auflage 2014

Umschlaggestaltung: Björn Locke, Nürtingen,
unter Verwendung einer Fotografie von Peter D. Hartung.
Lektorat: Gertrud Menczel, Böblingen.
Druck: Himmer, Augsburg.
Printed in Germany.

ISBN 978-3-8425-1310-5

Besuchen Sie uns im Internet und
entdecken Sie die Vielfalt unseres Verlagsprogramms:
www.silberburg.de

Inhalt

Inhalt

Die Landungsbrücke
am Neckarufer.

VON OBERBÜRGERMEISTER
CHRISTOPH PALM

Lauter Lieblingsplätze

Blick auf Oeffingen mit dem Turm der Christuskirche.

Der Charakter einer Stadt spiegelt sich nicht nur in ihren herausragenden Sehenswürdigkeiten wider. Viele Ecken und Winkel, kleine Oasen der Ruhe und Entspannung, ja selbst unscheinbar wirkende Fleckchen sagen mitunter viel über einen Ort und seine Bewohner aus. Egal ob ein historisches Kleinod, ein architektonisch interessantes Gebäude, ein Kunstwerk, ein origineller Brunnen, ein einladender Platz oder eine landschaftliche Besonderheit – alles kann seinen eigenen Reiz und sein unverwechselbares Flair haben.

Auch in Fellbach gibt es eine Vielzahl solcher reizvoller Stellen. Vom Oeffinger Neckarufer im Norden der Stadt über den Hartwald und das Schmidener Feld bis hin zum Kappelberg im Süden Fellbachs lassen sich jede Menge »Schauplätze« im besten Sinne des Wortes aufspüren. Dass dabei immer auch der individuelle Blick eines Menschen darüber entscheidet, ob ein bestimmter Platz als besonders angenehm, beeindruckend oder einprägsam empfunden wird, liegt in der Natur der Sache. Insofern hat wohl jeder »seinen« Lieblingsplatz, der sie oder ihn immer wieder anzieht und den man stets gerne aufsucht.

Solche Lieblingsplätze in Fellbach sind in diesem Buch zusammengetragen worden. Die Idee der Autoren war, ganz unterschiedliche Menschen, die mit der Kappelbergstadt eng verbunden sind, ihren Lieblingsplatz benennen und beschreiben zu lassen. Renate Völker und Andreas Krohberger, die bereits vor einigen Jahren ein interessantes und informatives »Fellbacher Weinbuch« verfasst haben, sowie der sie begleitende Fotograf Peter D. Hartung haben das alles in Wort und Bild festgehalten und daraus einen Fotoband der besonderen Art gestaltet.

Das Buch erhebt keinen Anspruch auf Vollständigkeit, sondern es möchte vielmehr allen Bürgerinnen und Bürgern sowie den Besuchern unserer Stadt Anregungen geben, ihren eigenen Lieblingsplatz in Fellbach neu oder wieder zu entdecken.

Ich wünsche dem Buch eine gute Aufnahme bei den Leserinnen und Lesern und danke allen Beteiligten für ihre Mitwirkung an diesem durchaus ungewöhnlichen Buchprojekt.

Christoph Palm
Oberbürgermeister

VON ARNOLD MARHOFFER,
PRESSEREFERENT DER STADT FELLBACH

Fellbach – die Stadt der Weine und Kongresse

Fellbach ist eine traditionsbewusste, aber auch eine moderne, der Zukunft zugewandte Kommune. Sie hat dörfliches Flair und städtisches Gepräge gleichermaßen. Sie atmet im Oberdorf am Fuß des Kappelbergs sowie in den Stadtteilen Schmiden und Oeffingen noch immer bäuerliche Luft und strahlt andererseits als Wirtschafts- und Industriestandort von internationalem Rang weit in die Region Stuttgart hinein und auch aus ihr heraus. Und sie hat immer als ein blühendes Gemeinwesen an der Nahtstelle zwischen der Großstadt Stuttgart und dem landschaftlich reizvollen und weinreichen Remstal eine Vermittlerrolle zwischen Stadt und Land übernommen. Hervorragende Bahn- und

Links: Kleingliedrig und doch modern – das Rathaus.

Rechts: Blick vom Kappelberg übers Land.

Links: Das 2011 unter Federführung des Kulturamts neu eröffnete Stadtmuseum wurde 2014 mit dem European Museum of the Year Award »EMYA« ausgezeichnet.

Rechts: Moderne Stadt mit ländlichem Charme.

Straßenverbindungen, ein reichhaltiges Kultur- und Bildungsangebot sowie attraktive Einkaufs- und Freizeitmöglichkeiten machen Fellbach zu einem Ort, in dem es sich gut wohnen und arbeiten lässt.

Im Jahre 1121 wurde die Stadt erstmals urkundlich erwähnt, 1933 als Württembergs größter Marktflecken zur Stadt erhoben und 1956 als eine der ersten Städte Baden-Württembergs zur Großen Kreisstadt befördert. Mit ihren rund 44 000 Einwohnern ist die Kappelbergstadt heute ein facettenreicher Standort mit Exportbeziehungen rund um den Globus, einer hervorragend ausgebauten privaten und öffentlichen Infrastruktur sowie einer sehr günstigen Arbeitsmarktsituation.

Rechts: Die Stadtbücherei ist ein Paradies für Leseratten. In ihren drei Häusern in Fellbach, Schmiden und Oeffingen hat sie einen Gesamtbestand von rund 110 000 Medien.

Links: Abendlicher Blick auf die unberührte Wasserfläche des Fellbacher Familien- und Freizeitbades »F3«.

Stadt der Weine und Kongresse – mit diesem griffigen Slogan firmiert Fellbach auf Tourismusbroschüren und Veranstaltungsprospekten, im Internet und bei anderen öffentlichen Auftritten. Der Wein gehört in Fellbach seit alters her zum Besten, was der Ort zwischen Neckar und Rems zu bieten hat. Fellbacher Weine spielen längst in der Ersten Bundesliga und auch in der Champions League mit. Und dass Weinorte auch Wohlfühlorte sind, hängt irgendwie doch mit dem besonderen Klima, der Bodenständigkeit und Ursprünglichkeit der hier lebenden Menschen und ihrer Gemütlichkeit und Lebenslust zusammen.

Zum Wein gesellt sich seit 1976 das Kongress- und Tagungsgeschehen in der Schwabenlandhalle und damit ein Stück weltoffener Begegnung von Wirtschaft, Kultur und gesellschaftlichem Leben. Weine und Kongresse gehen in Fellbach eine glückliche und sich ergänzende Verbindung ein – denn welche Kongressstadt in der Region Stuttgart kann von sich behaupten, zugleich eine der bedeutendsten Weinbaugemeinden des Landes zu sein.

Die Internationalität Fellbachs drückt sich aber auch durch preisgekrönte Architektur, durch kulturelle Highlights wie die alle drei Jahre stattfindende Triennale Kleinplastik, den Mörike-Literaturpreis und den Europäischen Kultursommer sowie durch den Fellbacher Herbst aus, der als eines der größten und meistbesuchten Heimat- und Weinfeste Süddeutschlands alljährlich mehr als 200 000 Gäste in die Kappelbergstadt lockt.

Arnold Marhoffer

Markus Heid

Naturschutzgebiet »Hinterer Berg«

Idyllische Heidelandschaft

DER »HINTERE BERG« ist ein nach Süden geneigter Hang, der zu den wärmsten Lagen des Kappelberges gehört. Mischwald, Steppenheide und Weinberge treffen hier aufeinander. Die Heidelandschaft wurde schon 1935 als Naturschutzgebiet ausgewiesen. Seit 1958 engagiert sich die Ortsgruppe Fellbach des Albvereins für die Pflege und Erhaltung des 2,5 Hektar großen Gebietes. 15 Tage im Jahr werden Kontrollgänge durchgeführt, einmal im Jahr wird gemäht, damit der Wald die Steppenheide nicht überwächst. In den regelmäßig gepflegten Trockenmauern leben viele Reptilien wie Blindschleichen und Eidechsen. Am Waldrand kann man die Rote Mordwanze bei der Jagd beobachten, ein schön gefärbtes, gut zwei Zentimeter großes Insekt, das aus dem Mittelmeergebiet zugewandert ist und sich bei uns nur in den wärmsten Gegenden halten kann.

Der »Hintere Berg« wurde schon 1935 als Naturschutzgebiet ausgewiesen. Der Lieblingsplatz von Markus Heid liegt ganz im Verborgenen an einem Weg zum Rotenberg, wo einst König Wilhelm I. eine Grabkapelle als ewigen Liebesbeweis für seine Gemahlin Katharina errichten ließ.

Der Weg zu meinem Lieblingsplatz ist schon fast eine kleine Wanderung, auf der ich drei Landkreise berühre: den Rems-Murr-Kreis, den Landkreis Esslingen und den Stadtkreis Stuttgart. Über die Sieben Linden und den Kernenturm komme ich aus dem Wald heraus in eine unerwartete Idylle: eine Heidelandschaft mit alten Trockenmauern und unzähligen Wildblumen. Es ist das Naturschutzgebiet »Hinterer Berg«. Hier habe ich mir ein Bänkle ausgeguckt, das fast keiner kennt und auf dem ich nach Joggingtouren und Spaziergängen mit dem Hund den Ausblick genieße. Von meinem Platz aus kann ich auf die Reblage »Lämmler« schauen, wo die besten Rotweine wachsen, sehe auf die Grabkapelle am Rotenberg und ins Neckartal, das sich unwahrscheinlich weit vor mir öffnet. Das ist ein heimeliger, ein fast schon meditativer Platz.

Markus Heid

MARKUS HEID • Der traditionsreiche Weinbaubetrieb wurde 1699 von Jakob Melchisedec Heid gegründet. Heute wird er in zehnter Familiengeneration von Daniela und Markus Heid geführt. Markus Heid hat den Betrieb 1996 von den Eltern übernommen und ist seit 2009 biozertifiziert. 2013 wurde das Weingut in den Verband der Prädikatsweingüter (VdP) aufgenommen.

Alfons Scheirle

Der Hölderlinsaal in der Schwabenlandhalle

Das zweite Arbeitszimmer

DAS KONGRESSZENTRUM SCHWABENLANDHALLE, von Architekt Gerhard Keller entworfen, begeistert seit über 30 Jahren Veranstalter und Besucher. 1976 eingeweiht und 2006 großzügig erweitert und modernisiert, gilt die Halle als ein achtbares Beispiel deutscher Architektur der 1970er Jahre. Das Kultur-, Kongress- und Tagungszentrum überzeugt mit maßgeschneiderten Raumangeboten für jeden Anlass und jede Veranstaltungsgröße. Die Hallentechnik gilt als überdurchschnittlich gut und wird fortlaufend den sich erweiternden Bedürfnissen an eine moderne Hallengestaltung angepasst. Das Tagungszentrum liegt zentral, ist leicht anfahrbar und verfügt über hervorragende Gastronomie und Hotellerie. Umgeben von einladenden Grün- und Freiflächen ist die Schwabenlandhalle auch eine grüne Oase inmitten des Ballungsraums Stuttgart.

Links: Alfons Scheirle genießt im Hölderlinsaal die Stille vor dem Konzert.

Rechts: Das zentral gelegene Tagungszentrum Schwabenlandhalle mit seiner hervorragenden Gastronomie.

Fast mein ganzes berufliches Leben hindurch durfte ich die Stadt Fellbach musikalisch begleiten – in Schulen, Sälen, Kirchen und Kapellen. Doch zur Schwabenlandhalle habe ich eine ganz besondere Beziehung. Neben dem Uhlandsaal war und ist vor allem der Hölderlinsaal sozusagen mein zweites Arbeitszimmer. Schon beim Bau der Halle konnte ich mich für die passende Akustik einsetzen, habe damals die Einweihungsfeier musikalisch gestaltet und danach noch unzählige Konzerte, Oratorien oder Bälle dirigiert. Nie vergessen werde ich unsere Aufführung der 9. Sinfonie von Ludwig van Beethoven und des War-Requiems von Benjamin Britten 50 Jahre nach Kriegsende – was für Erlebnisse! Wenn es einen Ort gibt in Fellbach, dem ich am meisten verpflichtet bin, dann ist das ganz gewiss die Schwabenlandhalle!

Alfons Scheirle

ALFONS SCHEIRLE • Professor Alfons Scheirle studierte Pädagogik, Schulmusik, Geschichte und Musikwissenschaft in Stuttgart und Tübingen. Er war als Musikerzieher am Friedrich-Schiller-Gymnasium Fellbach und in verschiedenen Funktionen innerhalb der Schulverwaltung des Landes tätig. Seit über 50 Jahren ist er Chorleiter und engagiert sich im Schwäbischen Chorverband.

Angekommen in Fellbach

Cathy Nzimbu Mpanu-Mpanu-Plato

Das Stadtmuseum

DAS STADTMUSEUM schreibt seit der Neueröffnung im Herbst 2011 eine Erfolgsgeschichte. Das stattliche Fachwerkhaus im Herzen der Stadt beherbergt eine komplett neu konzipierte Dauerausstellung, die inhaltlich und gestalterisch der Gegenüberstellung von Geschichte und Gegenwart verpflichtet ist. Die thematischen Schwerpunkte »Frommes Dorf«, »Frauenleben«, »Schulgeschichte«, »NS-Zeit« und »Fotografie« – mit einer Ausstellung der Fotojournalisten Hansel Mieth und Otto Hagel – werden vielschichtig und spannend dargeboten. Besonderer Anziehungspunkt ist das Mörikekabinett mit dem Herzstück »Mörike und die Frauen«. Der feinsinnige Lyriker Eduard Mörike wohnte 1873 für gut zwei Monate in Fellbach, nachdem er sich von seiner Frau Grete getrennt hatte. Mit Schwester Clara und Tochter zog er auf der Flucht vor häuslichen Turbulenzen von Stuttgart an den Kappelberg. Im Stadtmuseum wird in einer ungewöhnlichen Präsentation die Geschichte der dreiköpfigen Restfamilie in Fellbach erzählt.

Links: Das Stadtmuseum hat für Cathy Nzimbu Mpanu-Mpanu-Plato eine besondere Bedeutung.

Rechts: Unter den Fotos mit Menschen aus allen Nationen befindet sich auch ein Bild von Cathy Nzimbu Mpanu-Mpanu-Plato.

Fellbach ist längst zu meiner Heimat geworden. Es ist für mich von großer Bedeutung, dass ich nun auch im Stadtmuseum angekommen bin. Diese Fotos mit Menschen aus unterschiedlichen Nationen symbolisieren eine gelungene Integration und das Miteinander-Leben. Es ist für alle wichtig, die Geschichte der Stadt zu kennen, in der man lebt.

Cathy Nzimbu Mpanu-Mpanu-Plato

CATHY NZIMBU MPANU-MPANU-PLATO • Die gebürtige Kongolesin hat in Heidelberg und Pforzheim Betriebswirtschaft studiert und während des Studiums auch ihren Mann kennengelernt. Seit über 20 Jahren lebt sie in Fellbach und engagiert sich in vielfältiger Weise. Sie ist Mitglied im Integrations- und Gleichstellungsbeirat der Stadt Fellbach und im Volkshochschulbeirat. Sie ist zudem Vorsitzende des Vereins Ndwenga e. V., der Schulkinder in Kinshasa unterstützt.

Ingolf Epple

Restaurant-Terrasse »Goldberg«

Im Türkis der Musikschule baden

DIE 1980 GEGRÜNDETE STÄDTISCHE MUSIKSCHULE setzt mit ihrem markanten Gebäude bei der Schwabenlandhalle nicht nur städtebauliche, sondern auch neue musikalische Akzente in der Kappelbergstadt. Die Schule mit mehr als 950 Schülerinnen und Schülern bietet ein breit gefächertes Unterrichtsangebot. Im Vordergrund stehen die Freude an der Musik und der Spaß am Musizieren. Aber auch eine spezielle Begabtenförderung sowie die Vorbereitung auf den Wettbewerb »Jugend musiziert« werden angeboten. Bei den musikalischen Instrumentenvorstellungen können Kinder mehrmals im Jahr ungezwungen Instrumente kennenlernen. Und in zahlreichen Konzerten präsentieren die Schülerinnen und Schüler aller Altersstufen ihr Können der Öffentlichkeit.

Fröschequaken vermischt sich mit dem Klang der Kirchenglocken: Ingolf Epple genießt seine Mittagspause in der warmen Jahreszeit am liebsten auf der Terrasse des Restaurants.

Nach dem Abarbeiten von fünfzig Mails und den Besprechungen am Vormittag genieße ich die Mittagszeit am Ecktisch auf dieser Restaurant-Terrasse. Ich höre die Frösche im Tümpel quaken, lausche dem Klang der Kirchenglocken, die ab und an mit den Geräuschen der Straßenbahn U 1 konkurrieren. Man kann diesen Platz mit allen Sinnen wahrnehmen: In die Nase zieht der Duft von Küchenkräutern. Wenn ich umherschaue, dann können meine Augen im Türkis der Musikschule baden. Mit einem kleinen Tropfen vom trockenen Fellbacher Weißwein lässt sich dann auch noch der Gaumen verwöhnen.

Ingolf Epple

INGOLF EPPLE • Der Diplom-Ökonom ist Sprecher des Vorstands der Fellbacher Bank eG. Er ist in Rutesheim aufgewachsen und hat in Hohenheim studiert. Der Vater von drei Söhnen mag die Rebenhänge und die schnelle Fahrt über weiße Pisten.

Alfred Stöckle

Der Schulhof des Friedrich-Schiller-Gymnasiums

Mitten im Leben

DAS FRIEDRICH-SCHILLER-GYMNASIUM FELLBACH wurde 1942 mitten im Zweiten Weltkrieg gegründet, zu einer Zeit, in der Stuttgart immer mehr im Bombenhagel versank. Die neue Fellbacher Oberschule wurde im Betsaal der Hahn'schen pietistischen Gemeinschaft untergebracht. Schon ein halbes Jahr später – am 1. März 1944 – wurde der Betsaal durch einen Bombenangriff völlig zerstört. 1945 kam der Unterricht ganz zum Erliegen. Nach Kriegsende zog die Schule um in die dafür erweiterte Silchervolksschule, die aber bald schon wieder zu klein wurde. In einem Architektenwettbewerb siegte 1955 der Fellbacher Architekt Wolf Irion. Sein Entwurf setzte die Ideen des Bauhauses in eleganter und adäquater Weise um: ein lichtdurchflutetes, in Pavillons, Grünflächen, Garten und ein Atrium aufgefächertes Bauwerk mit Sinn für Farbe und Form. Bald musste die Schule durch zahlreiche Anbauten und 1976 durch eine Sporthalle ergänzt werden. 1976/77 wurde ein zweites Gymnasium in Schmiden errichtet, das nach dem ehemaligen deutschen Außenminister Gustav Stresemann benannt wurde.

Ein Pausenplatz für Schüler, eine Oase der Stille und ein Ausflugsziel zugleich – der Schulhof des Schiller-Gymnasiums.

Meinen Lieblingsplatz sehe ich jeden Tag beim Blick aus dem Fenster: Es ist der Pausenhof des Friedrich-Schiller-Gymnasiums. Obwohl unsere Schule mitten in Fellbach liegt, ist der Hof eine grüne und oft auch sehr stille Oase. Tatsächlich ist er fast so etwas wie ein Ausflugsziel für die Fellbacher Bürger geworden. Kinder lernen hier Fahrrad fahren, Erwachsene genießen die Ruhe oder lesen auf den Bänken. Der große, baumbestandene Platz lockt die Menschen an. Und an den Wochenenden habe ich oft das Gefühl, dass wir hier nur geduldete Gäste sind: Dann holt sich die Natur den Schulhof zurück. Eichhörnchen turnen auf den Bäumen, eine bunte Vogelwelt schwirrt über den Platz, im Teich tauchen Wasserschildkröten, Frösche quaken und riesige Karpfen verstecken sich vor den Fischreihern. Wenn ich mit einem Problem nicht weiterkomme, bummle ich gerne über den Platz. Dann habe ich wieder einen freien Kopf und kann weiterarbeiten.

Alfred Stöckle

ALFRED STÖCKLE • Der Oberstudiendirektor ist im Naturschutzgebiet Bayerischer Wald in der Nähe von Freyung geboren und aufgewachsen. In Stuttgart studierte er Germanistik und Anglistik. Als Lehrer engagierte er sich in zahlreichen Schulen im In- und Ausland, darunter auch in Istanbul und Singapur. Seit 15 Jahren ist Alfred Stöckle Schulleiter des Friedrich-Schiller-Gymnasiums.

Sigrid und Helmut Früh
Der Glockenturm auf dem Alten Friedhof

Märchen unterm Glockenturm

DER GLOCKENTURM AUF DEM ALTEN FRIEDHOF ist eine Fellbacher Besonderheit. Dem Landesdenkmalamt ist jedenfalls kein vergleichbarer Turm im Raum Stuttgart bekannt. Der ziegelrote Turm, dessen quadratischer Unterbau in ein Achteck übergeht, ist zwischen den Jahren 1635 und 1675 erbaut worden. Das genaue Baujahr konnte bisher nicht ermittelt werden. Der imposante Turm mit dem Sterbeglöcklein, vom Volksmund auch Eulenturm genannt, ist jedenfalls auf der Grundlage von Herzog Ulrichs Kirchenordnung entstanden.

Vorleser Helmut Früh lässt die Jungfrau Maleen wieder aufleben.

Unter diesem Glockenturm lässt sich gut verweilen. Hier haben wir schon viele (Märchen-)Stunden verbracht, die Vergangenheit Revue passieren lassen, uns über Literatur der Romantik ausgetauscht, viele Bücher und die kommenden Tage besprochen. Manchmal stellen wir uns vor, dass die Jungfrau Maleen aus dem Märchen der Gebrüder Grimm in der Finsternis des Turmes eingesperrt war. Sie hatte sich einst geweigert, den von ihrem Vater Auserwählten zu ehelichen. Maleen war hartnäckig. Sieben Jahre harrte sie aus, bis sie dann doch mit ihrem Traumprinzen vor den Traualtar schreiten konnte. Märchen schenken uns eben die Hoffnung auf ein gutes Ende.

Sigrid und Helmut Früh

SIGRID UND HELMUT FRÜH

• Sie zählt zu Deutschlands bekanntesten Märchenerzählerinnen und Sagenforscherinnen. Sie hat mehr als 60 Bücher veröffentlicht und wurde für ihre Verdienste mehrfach ausgezeichnet, unter anderem mit der Heimatmedaille Baden-Württemberg. Sie ist Gründerin der »Fellbacher Märchentage«. Helmut Früh arbeitete viele Jahre lang als Heilerzieher. Er ist Chauffeur, Begleiter und Berater seiner Ehefrau.

Thomas Seibold

Der Platz vor der Neuen Kelter

Bewegende Momente

DIE FELLBACHER WEINGÄRTNERGESELLSCHAFT wurde vor über 150 Jahren durch Wilhelm Amandus Auberlen gegründet. Ziel war damals, die Qualität der Weine zu verbessern und die Vermarktungsmöglichkeiten für die einzelnen Wengerter besser zu steuern. 1938 ging aus dieser Organisation die Weingärtnergenossenschaft Fellbach hervor, die in der Kappelbergstraße die Neue Kelter erbaute. 2013 wurde sie als beste Genossenschaft Deutschlands ausgezeichnet. Zu ihren Prinzipien gehören zielgerichtet reduzierte Traubenerträge, eine sorgfältige Pflege der Reben das ganze Jahr über und eine späte Lese gesunder Trauben. So entstehen ausdrucksstarke Weine mit Lagerungspotential. Den Kelterplatz ziert ein Brunnen mit der von Günther Decool gestalteten Bacchusfigur. Im Sommer füllen die Fellbacher am Brunnen ihre Gießkannen und treffen sich zu einem Schwätzle.

Den Kelterplatz ziert ein Brunnen mit der von Günther Decool gestalteten Bacchusfigur. Die verfärbten Blätter an den Reben zeigen: Es ist die Hoch-Zeit der Weinlese.

Der Platz vor der Neuen Kelter verknüpft für mich auf wunderbare Weise Berufliches und Privates. Direkt daneben ist mein Büro, meine Weinberge liegen am Kappelberg. Und auch meine Wohnung ist nur 100 Meter entfernt. Der Platz ist ein öffentlicher Treffpunkt, den ich selten überqueren kann, ohne einen Bekannten zu treffen. Als junge Kerle sind wir von hier aus am 1. Mai mit dem Leiterwagen gestartet. Wandergruppen, Walker und Jogger verabreden sich hier. Wie oft stehe ich auf diesem Platz und schaue sorgenvoll hinauf zum Kappelberg, hoffend, dass uns keine Spätfröste oder Hagelstürme heimsuchen. Im Herbst reihen sich hier die Weinbergschlepper aneinander mit Wannen voll von reifen Trauben. Und von hier startet der Festzug zum großen Stadtfest, dem Fellbacher Herbst. Wenn dann das Lied »Nun danket alle Gott« erklingt, ist das für mich immer wieder ein bewegender, ein hochemotionaler Moment.

Thomas Seibold

THOMAS SEIBOLD • Der Vorstandsvorsitzende der Fellbacher Weingärtner entstammt einem uralten Wengertergeschlecht. Als er den elterlichen Betrieb übernahm, gehörte noch der Anbau von Gemüse dazu. Thomas Seibold spezialisierte sich auf Weinbau und bewirtschaftet heute etwa 3 Hektar Rebfläche. Der Wengerter gehört zu den Geschäftsführenden Vorständen des Weinbauverbandes Württemberg.

Christoph Palm

Fellbacher Familien- und Freizeitbad »F3«

Ein Ort der Begegnung

DAS FAMILIEN- UND FREIZEITBAD »F3« wurde im Herbst 2013 eröffnet. Es entstand auf der Freifläche zwischen dem Jugendhaus und dem Stadtteil Lindle und umfasst neben Freibad und Hallenbad zahlreiche Attraktionen wie drei große Rutschen und reichlich Platz zum Schwitzen in einer grandiosen Saunalandschaft. Das Grundstück liegt in unmittelbarer Nachbarschaft zum Max-Graser-Sportzentrum und in Sichtweite des Kappelbergs, bestens angebunden durch die Stadtbahn U 1 und verschiedene Buslinien. Es befindet sich direkt am Feldrand mit Ausrichtung nach Westen, in einem Landschaftsraum, in dem die Weinbergstrukturen des Kappelbergs langsam in die Feldstrukturen der Ebene übergehen. An diesen landschaftlichen Übergang lehnt sich auch das Konzept der Architekten an: Die linearen Weinbergstrukturen werden als Felder auf das Grundstück gelegt und bilden die Basis für die Entwicklung der großzügigen Badelandschaft.

Links: Ein großer Wurf: das Bürgerbad mit seiner mutigen Architektur. Die gefalteten Strukturen der Dachlandschaft sind den Rebhängen am Kappelberg nachempfunden.

Kleines Foto: Gelegenheit für ein kleines Schwätzle am Pool.

Es ist die Dynamik dieser Stadt, die mich an Fellbach immer besonders fasziniert hat. Eine Stadt, die immer in Bewegung ist, nie mit sich ganz zufrieden, nie richtig fertig. Diese Stadt bietet Menschen unterschiedlichster Herkunft und unterschiedlichster Profession viele Möglichkeiten, sich zu begegnen. Und so soll auch unser Familien- und Freizeitbad »F3« viel mehr als eine Sportstätte sein: ein Ort der Begegnung, ein Ort, der Fröhlichkeit und Freundlichkeit ausstrahlt. Damit ist das neue Bad ein Symbol für die ganze Stadt, so, wie ich sie mir als Ideal vorstelle. Nahe bei den Menschen und ihren Bedürfnissen, aber auch mutig genug, gelegentlich mal einen großen Wurf zu wagen. Das haben wir getan, und von Anfang an haben sich die Bürger an der Planung und Gestaltung des Bades zahlreich beteiligt. Nun ist es in der Tat das geworden, was ich mir immer erhofft habe: ein Bürgerbad!

Christoph Palm

CHRISTOPH PALM • 1966 wurde Christoph Palm in Waiblingen geboren und studierte Jura in Tübingen. Seit 2000 ist er, wie einige Jahre vor ihm sein Vater, Dr. Guntram Palm, Oberbürgermeister von Fellbach. Palm war fünf Jahre im Landtag von Baden-Württemberg, wo er auch den Landtags-Sonderausschuss »Amoklauf Winnenden« leitete und sich als kunstpolitischer Sprecher seiner Fraktion engagierte. Im Ehrenamt ist er unter anderem Präsident des Landesmusikverbands und vertritt damit die Interessen von rund 1,2 Millionen Amateurmusikern.

Sonia Morreale

Das Gärtchen im Polizeirevier

Prinzessin im historischen Ensemble

Das war mein Garten, mein Spielplatz und auch mein Schlössle. An Fasching habe ich mich immer als Prinzessin verkleidet. Als Kind italienischer »Gastarbeiter« bin ich hier um die Ecke aufgewachsen. Im und ums »Polizeigärtchen« herum habe ich mich mit meinen Freundinnen getroffen und viele Nachmittage in diesem historischen Ensemble verbracht.

Sonia Morreale

SONIA MORREALE • Die Kauffrau und Mutter von drei Kindern ist ehrenamtliche italienische Sprachbegleiterin der Stadt Fellbach und unterstützt auch die Fellbacher Schulen als Elternmentorin. Ihre aus Sizilien stammenden Eltern sind in den 60er Jahren nach Deutschland gekommen.

DAS ALTE RATHAUS, 1592 im Renaissancestil erbaut, wurde in den Jahren 1911/12 umgebaut und erweitert. Baugeschichtlich bemerkenswert sind die Arkaden-Kapitelle und Reliefs im Jugendstil. Bis 1986 war das Gebäude Hauptsitz der Fellbacher Stadtverwaltung, seither ist es das Domizil des Polizeireviers.

DER KONSTANZER PFLEGHOF wurde im 16. Jahrhundert erbaut. Bis 1802 war das Gebäude Sitz des sogenannten »Pflegers« – so nannte man damals den kirchlichen Wirtschafter. Das Domstift Konstanz, zu dessen Bistum Fellbach einst gehörte, bezog hier zahlreiche Einkünfte. Sie wurden bei den Bauern als »Zehnt« in Form von Naturalien erhoben und der Erlös nach Konstanz abgeführt. Heute dient das Gebäude als Wohnhaus.

In diesem Gärtchen traf sich einst die kleine Sonia mit ihren Freundinnen. Links im Bild das alte Rathaus, in dem heute das Polizeirevier untergebracht ist.

Fernweh am »Brenner«

DIE LAGE LÄMMLER DES FELLBACHER KAPPELBERGS erreicht im Gewann »Brenner« ihren höchsten Punkt. Von hier aus schaut man auf die Weinberge wie in eine Arena hinab. Die heiße Luft, welche die Weinberge hinaufstreicht, lässt nicht nur die Trauben reifen. Sie sorgt auch für eine beachtliche Thermik. Ganze Scharen von Bussarden und auch der rote Milan nutzen diese Aufwinde und kreisen stundenlang über dem Berg.

Das Gewann »Brenner« erhielt seinen Namen nach dem gleichnamigen Pass zwischen dem österreichischen Tirol und dem italienischen Südtirol: So steil, wie diese Lage ist, so steil stellten sich die namensgebenden Fellbacher seinerzeit den Brennerpass vor. Die Weinberge am »Brenner« sind die ersten Steillagen, die rebflurbereinigt wurden, und gelten als außerordentlich schwer zu bewirtschaften.

Hoch auf dem Kappelberg erwacht in Rainer Schnaitmann regelmäßig das alte Fernweh und die Lust am Fliegen.

Der Spätburgunder-Weinberg, auf den ich von hier oben hinunterblicke, hat eine besondere Bedeutung für mich. Erstens ist er genauso alt wie ich. Und zweitens habe ich das Image meines Weingutes vor allem dieser begnadeten Rebsorte Spätburgunder zu verdanken. Aber diese Lage hat es auch gewaltig in sich. Sie ist so steil, dass ich schon oft mit meinem Holder-Schlepper dort oben stand und mich zaudernd gefragt habe: Soll ich da wirklich runterfahren? Und dann liebe ich diesen Platz, weil er das Fernweh in mir weckt: Bei guter Sicht kann man bis zu den Alpen blicken. Da bekommt dann meine alte Liebe zu den Bergen wieder neue Nahrung. Diese Höhe, dieser unglaublich freie Blick weit über den Rotenberg hinaus, das ist schon etwas Beeindruckendes und übt auf mich eine unglaubliche Anziehungskraft aus.

Rainer Schnaitmann

RAINER SCHNAITMANN • Mehr als 500 Jahre Erfahrung hat die Familie Schnaitmann im Weinbau. Bevor Rainer Schnaitmann 1997 den Betrieb als Selbstvermarkter übernahm, wurde der Genossenschaft zugearbeitet. Schnaitmann ist seit 2006 Mitglied im Verband Deutscher Prädikats- und Qualitätsweingüter. Er produziert auf 24 Hektar jährlich etwa 160 000 Flaschen Wein.

Friedrich-Wilhelm Kiel

Der »Überlebenskopf« von Otto Müller

Symbol der Bürger Fellbachs

DER »ÜBERLEBENSKOPF« IM INNENHOF DES FELLBACHER RATHAUSES wurde von dem Schweizer Bildhauer Otto Müller (1905–1993) geschaffen. Der Züricher Architekt Ernst Gisel, der Schöpfer des neuen Fellbacher Rathauses, hatte Müller vorgeschlagen. Sein »Überlebenskopf« ist ein strenges und schlichtes Monument, das dem selbstbewusst-bescheidenen Charakter des Hauses genau entspricht. Otto Müller gilt als einer der wichtigsten Zürcher Bildhauer. In der Region Zürich hat er zahlreiche Plastiken und Reliefs im öffentlichen Raum hinterlassen. Mit der Gestaltung des Rathauses, aber eben auch mit Müllers Kopf, so Ernst Gisel, »wollten wir den Mensch in die Mitte stellen«. Gisel selbst hat unter anderem den Brunnen im Rathausfoyer und den Maikäferbrunnen vor der Marktplatzfront entworfen.

Der Innenhof des neuen Rathauses ist mit seinem Straßencafé und mit Veranstaltungen wie Weihnachtsmarkt und Open-Air-Kino ein Platz vielfältiger Begegnungen und Gespräche.

Im Innenhof des Rathauses steht der mächtige Kopf. Der Kopf eines Mannes, einer Frau? Für mich ist diese Großplastik von Otto Müller ein Symbol. Ein Symbol für alle Menschen unserer Stadt. Vor allem für die, die im Rathaus Rat und Hilfe suchen. Der Kopf ist auch eine Mahnung an die gewählten Vertreter der Stadt, durch gute Entscheidungen »der Stadt Bestes zu suchen«. Die stille Symbolkraft dieses Kopfes, die mich immer wieder beeindruckt, ist auch in meinem Wohnzimmer gegenwärtig. Dort steht eine Miniatur dieses Kopfes und an der Wand hängt eine mir gewidmete Zeichnung von Otto Müller, auf der »sein« Kopf mit einem anderen korrespondiert: »Das Gespräch oder Die Begegnung« nennt er sie. Auch auf diese Weise erklärt Otto Müller sein Kunstwerk: das Rathaus als ein Platz vielfältiger Begegnungen und Gespräche.

Friedrich-Wilhelm Kiel

FRIEDRICH-WILHELM KIEL • Der in Berlin geborene Friedrich-Wilhelm Kiel studierte nach dem Abitur Physik, Mathematik und Sport. Nach einer Zeit als Gymnasiallehrer war Kiel Bürgermeister in Ettlingen, danach in Pforzheim und von 1976 bis 2000 Oberbürgermeister in Fellbach. Friedrich-Wilhelm Kiel war von 1988 bis 1990 Vorsitzender der FDP in Baden-Württemberg und von 1992 bis 2001 Abgeordneter im Landtag von Baden-Württemberg.

Matthias Klink
Friedhof Schmiden

Ein wundersamer Ort

EIN SCHMIDENER WAHRZEICHEN ist die um 1460 erbaute evangelische Kirche zu den Heiligen Dionysius und Barbara. Direkt dahinter liegen das Pfarrhaus und der Friedhof. Der erste Schmidener Friedhof war schon um 1460 erbaut worden, musste aber aus hygienischen Gründen aufgegeben werden, weil es an dieser Stelle viele Brunnen gab. Der heutige alte Teil des Friedhofes wurde nach der Reformation angelegt. Das älteste Grabmal befindet sich an der östlichen Mauer in der Nähe der Kirche. Es ist die Grabplatte von Pfarrer Johannes Canz, der von 1690 bis 1701 in Schmiden tätig war. Beim unteren Eingang liegt das Grab der Schulmeisterfamilie Herzog, die zweitälteste Ruhestätte in Schmiden. Die Familie stellte von 1646 bis 1818 die Lehrer in Schmiden. Das steinerne Mal ist eine Nachbildung, das Original steht im Stadtmuseum Fellbach.

Gar nicht morbide – der Friedhof von Schmiden. Im Gespräch zwei alte Freunde: der Künstler Günther Decool (links) und der Tenor Matthias Klink.

Nur durch eine Wiese getrennt, bin ich direkt neben dem Friedhof aufgewachsen. Er war für uns Kinder nie ein beängstigender, eher ein spannender, etwas abenteuerlicher Ort. Meine Wege zum Kindergarten, zur Schule oder zu Freunden führten mich hindurch. Als ich älter war, ging ich nachts auf dem Heimweg vom Sport durch den Friedhof. Dabei habe ich diese wundersame Atmosphäre geatmet – die dunklen Schatten, die Feuchtigkeit, das Wissen um die Toten. Meine Großeltern sind dort begraben, weitere Verwandte und auch ein Schulfreund, dessen Eltern ein langes Jahr täglich auf der Friedhofsbank trauerten. Hier habe ich zum ersten Mal meine spätere Frau geküsst und zwischen diesen Grabsteinen bin ich eingeschlafen, als ich nicht mehr ganz nüchtern von der Schmidener Kirbe nach Hause kam. Meine Liebe zu diesem Friedhof hat gar nichts Morbides, vielmehr umfasst er für mich die ganze Bandbreite des Lebens mit seinen Höhen und Tiefen. Und natürlich ist er einfach ein Stück Heimat.

Matthias Klink

MATTHIAS KLINK • Der weltweit gefragte Tenor wuchs in Fellbach-Schmiden auf, absolvierte sein Gesangsstudium an der Musikhochschule in Stuttgart und der Indiana University School of Music Bloomington/USA. Sein erstes Engagement erhielt er an der Oper Köln. Von dort aus startete er eine internationale Karriere, die ihn unter anderem an die Wiener Staatsoper, die Mailänder Scala, die Metropolitan Opera New York und die Salzburger Festspiele führte. Eng ist er mit der Staatsoper Stuttgart verbunden und immer wieder kommt er gerne zu Konzertauftritten und Liederabenden nach Fellbach.

Raimund Ulrich
Die Hohe Anwande

Weiter Blick auf fruchtbaren Boden

DAS SCHMIDENER FELD zählt zu den fruchtbarsten Ackerböden Deutschlands. Gesteinsunterlage ist der Obere Muschelkalk, teilweise noch der Lettenkeuper. Alles ist überdeckt von Löss, Lösslehm und Lehm. Das fruchtbare Lössland zwischen Neckar und Rems erfuhr früh Kultivierung, worauf ein Vorratsgefäß aus der Jungsteinzeit hinweist. Im Jahr 1980 entdeckte eine Ausgrabungsgruppe in einer Schmidener Lehmgrube keltische Tierplastiken aus Eichenholz. Alamannische Reihengräberfunde legen nahe, dass ein »Urdorf« Schmiden um 600 entstanden ist, benannt nach einer Waffenschmiede, die für das Königsgut in Waiblingen arbeitete. Bekannt und beliebt ist der Spargel vom Schmidener Feld, weil der Boden dem weißen und grünen Gewächs eine besondere Note verleiht. Auf den fruchtbaren Feldern und den reaktivierten Buntbrachen, wo Sonnenblumen, Malven und Schafgarben wachsen, sollen Rebhühner eine neue Heimat finden. Das Rebhuhn ist landesweit stark gefährdet. In Fellbach gibt es eines der letzten größeren Vorkommen in Baden-Württemberg. Die Stadt Fellbach hat, unterstützt von Landwirten, Maßnahmen ergriffen, den Tieren einen Rückzugsraum, insbesondere in der Brutzeit, zu geben. Wer dem Rebhuhn eine Chance geben will, darf sein »Wohngebiet« nicht betreten oder gar die Pflanzen pflücken. Das Blumenmeer anzuschauen ist aber allemal erlaubt.

»Welch schöne Ebene« rief Napoleon bei seinem Ritt über das Schmidener Feld.

Wenn ich mit dem Fahrrad unterwegs bin, mache ich hier auf dieser Bank meine erste Rast. Ich genieße meinen Apfel, die Stille und den wunderbaren Rundblick vom Söhrenberg zum Korber Kopf, ins Remstal mit dem herausragenden Schönbühl, hinüber zur Grabkapelle auf dem Rotenberg, die König Wilhelm I. als Liebesbeweis für seine jung verstorbene Gemahlin Katharina erbauen ließ. Von der Hohen Anwande aus hat man aber auch den weitesten Blick über das Schmidener Feld. »Schmiden, quelle belle plaine!« (welch schöne Ebene), soll Napoleon Bonaparte beim Ritt über dieses Feld ausgerufen haben. Hier wird mir immer wieder bewusst, welch einmaliges Land vor mir liegt, das es für die kommenden Generationen zu erhalten gilt. Für neue Straßen und ausufernde Bebauungen ist hier kein Platz mehr.

Raimund Ulrich

RAIMUND ULRICH • 16 Jahre lang war der Verwaltungsmann Bürgermeister (Beigeordneter) der Stadt Fellbach. Er kümmerte sich um die Themen Familie, Soziales, Schulen und Sport und engagierte sich auch als Kreisrat für seine Heimatstadt und den Rems-Murr-Kreis. Der leidenschaftliche Sportfan geht gerne zu Spielen der Fellbacher und Schmidener Jugendmannschaften und mit seinen vier Enkeln zum VfB.

Werner Seibold

Der Kappelberg

Der Lohn der Arbeit

DER KAPPELBERG ist ein 469 Meter hoher Bergausläufer des Schurwalds südlich von Fellbach. Der Name rührt von einer früheren Wallfahrtskapelle her. Während die höchsten Lagen bewaldet sind, befinden sich an den Hängen seit über 800 Jahren Rebflächen, die hauptsächlich durch die Wingergenossenschaft Fellbacher Weingärtner bewirtschaftet werden.

Links: Wie hier an der Pfeiferhalde, einem durch die Rebflurbereinigung entstandenen Naturdenkmal, wachsen auf dem Kappelberg seit mehr als 800 Jahren die Reben.

Rechts: Uralte Rebstöcke bringen einen Wein hervor, der das Herz und den Gaumen liebevoll streichelt.

Im Sommer bin ich fast jeden Tag draußen in den Weinbergen. Als Kellermeister muss ich natürlich schon beruflich wissen, was die Trauben gerade machen. Aber es drängt mich auch nach draußen, an die frische Luft, an die Sonne. Die Arbeit in meinen eigenen Weinbergen ist für mich ein Ausgleich zum Beruf, sie erdet mich und bringt mich wieder zurück zu den Ursprüngen des Weines. Rund zwei Hektar Reben pflege ich am Kappelberg. Am liebsten mag ich das Ausbrechen der Triebe im Frühjahr, weil es eine so friedliche und kreative Arbeit ist. Dann setze ich mich auf ein Bänkle oder eine Mauer, verspeise das mitgebrachte Vesper, schaue auf Fellbach hinunter und trinke ein Viertele. So kann ich mit allen Sinnen genießen, wofür ich das Jahr über gearbeitet habe.

Werner Seibold

WERNER SEIBOLD • Er gilt als einer der erfahrensten Kellermeister des Landes. Der gebürtige Fellbacher stammt aus einer Weinbauernfamilie, die ihre Trauben traditionell bei der Genossenschaft abgeliefert hat. Seit 1996 ist er Kellermeister der Fellbacher Weingärtner und hat einen großen Anteil am Erfolg dieser vergleichsweise kleinen Winzergenossenschaft.

Heinz Ehrhardt

Der Steinbruch in Oeffingen

Pappeln thronen über dem einstigen Loch

EHEMALIGES STEINBRUCHGELÄNDE IN OEFFINGEN: Einst war hier ein großes Loch in der Landschaft. In den vergangenen Jahren wurde das Steinbruchgelände rekultiviert und ist nun Freizeitoase und ein Refugium für die Tier- und Pflanzenwelt. Biotope sind entstanden, Spazierwege und naturnahe Wiesenstreifen wurden angelegt, und ein Bächlein plätschert wieder durch das Weidachtal.

Ein Ruheplatz und Aussichtspunkt, der den Horizont erweitert. Von hier reicht der Blick weit hinüber bis ins Neckartal.

Man fühlt sich fast königlich auf diesem Berg, man schaut hinab und weit hinaus. Von meinen Wohnort in Oeffingen ist es nur eine halbe Stunde Fußweg zu den hier thronenden Pappeln. An Wochenenden oder auch mal am Abend gehen wir zu diesem Aussichtspunkt und Ruheplatz. Ob im Sommer oder Winter, der Ausblick von da oben ist einfach genial. Bei guter Wetterlage reicht der Blick bis zum Burgholzhof nach Stuttgart, bis zum »Grünen Heiner« bei Weilimdorf oder zur Windenergieanlage in Ingersheim.

Heinz Ehrhardt

HEINZ EHRHARDT • Ständig wird sein Name falsch geschrieben, nämlich ohne »h« und »t« wie bei dem großen deutschen Komiker. Der Abteilungsleiter der Oeffinger Feuerwehr ist Böllerschütze beim Fellbacher Herbst. Zu Hause fährt er seine eigene Ernte ein. Was bei dem Hobby-Imker und Naturfreund auf den Tisch kommt, stammt aus eigenem Anbau und kommt wie der selbst gepresste Apfelsaft vom eigenen »Stückle«.

Christl Schäfer

Die Streuobstwiesen Richtung Rommelshausen

Ganz nah an der Natur

DIE STREUOBSTWIESEN UNTERHALB DES KAPPELBERGS reichen bis hinüber zur Rommelshausener Gemarkung. Auf den fruchtbaren Böden gedeihen von alters her viele Sorten Äpfel, Birnen, Zwetschgen, Quitten, Walnüsse und heute vielfach auch Pfirsiche. Besonders schön ist es hier während der Obstbaumblüte, wenn Bäume, Wiesen und Wege von weißen und rosa Blüten dicht überschneit sind. So hat Fellbach, obwohl direkt vor den Toren der Landeshauptstadt Stuttgart gelegen, noch immer eine ländliche Seite und im Naherholungsraum viel an Natur zu bieten. Weitere Streuobstflächen gibt es noch Richtung Untertürkheim im Gewann Dietbach sowie am Rande des Oeffinger Hartwaldes.

Ganz nah an der Natur fühlt sich die ehemalige Weinkönigin in ihren geliebten Streuobstwiesen.

Zu den vielen schönen Erinnerungen an meine Kindheit zählen neben den Weinbergen vor allem unsere Obstwiesen unterhalb des Kappelbergs. Hier habe ich oft als Kind gespielt und später viele Jahre meinen Eltern bei der Ernte geholfen. Die blühenden Kirschbäume, die oft heißen Tage bei der Ernte, die saftigen Äpfel, Birnen und Zwetschgen, die duftenden Quitten sind für mich ein Symbol meiner Heimat. Hier bin ich ganz nah an der Natur und kann meine Gedanken schweifen lassen.

Christl Schäfer

CHRISTL SCHÄFER • Die Eltern von Christl Schäfer sind mit ihren Weinbergen, wie sie selbst auch, Mitglied der Fellbacher Weingärtner und betreiben Obstbau für die eigene Brennerei. Christl Schäfer ist gelernte Rechtsanwaltsfachangestellte und studierte in Heilbronn Weinbetriebswirtschaft mit Schwerpunkt Marketing. 2008/09 wurde sie zur Württembergischen Weinkönigin gewählt, 2009/10 zur Deutschen Weinprinzessin. Christl Schäfer ist heute am Niederrhein im internationalen Weinhandel tätig.

Gerhard Brien

Das Neue Rathaus

Wo Kommunalpolitik Spaß macht

WEIT MEHR ALS EIN BEHÖRDENZENTRUM ist das Neue Fellbacher Rathaus, das 1986 eingeweiht und von dem international renommierten Schweizer Architekten Ernst Gisel entworfen wurde. Gisel hatte bei der vorangegangenen Ausschreibung den ersten Preis zugesprochen bekommen. Mit seinem Bau setzte er städtebauliche und architektonische Maßstäbe. So gingen 1987 zwei Deutsche Architekturpreise nach Fellbach. Neben dem Rathaus befand die Jury den dritten Bauabschnitt der Wohncity als preiswürdig. Beide Bauvorhaben wurden im folgenden Jahr auch mit dem Hugo-Häring-Preis, der höchsten Auszeichnung der baden-württembergischen Architekten, bedacht. Das Rathaus wurde zudem 1987 mit dem Deutschen Naturwerkstein-Preis ausgezeichnet. Neben Gastronomie ist im Rathauskomplex seit 1997 auch die Galerie der Stadt Fellbach untergebracht. Zur stimmungsvollen Kulisse wird der Innenhof des Rathauses bei den jährlich stattfindenden Open-Air-Filmvorführungen.

Arbeitsplatz mit spannender Architektur – das neue Rathaus.

Als Lokalredakteur bin ich mit vielen Aufgaben betraut. Doch schon seit meinem Studium der Politikwissenschaft hat Kommunalpolitik für mich eine besondere Faszination. Sie ist wohl das Spannendste, was Politik überhaupt zu bieten hat. Das Neue Rathaus liegt nur wenige Gehminuten von meinem Schreibtisch entfernt, und wenn meine vielen Gänge dorthin im Pflaster Spuren hinterlassen hätten, würde ein breiter Pfad von der Fellbacher Zeitung zum Rathaus führen. Ich schätze an diesem Gebäude seine zeitgerechte Architektur, die es trotz seiner Wucht offen und kleinräumig erscheinen lässt. Ein Haus, in dem Kommunalpolitik Spaß macht! Daneben liegt die Lutherkirche, und es berührt mich oft seltsam, wie dicht nebeneinander die kirchliche und die weltliche Zentrale der Stadt liegen.

Gerhard Brien

GERHARD BRIEN • Der Redaktionsleiter der Fellbacher Zeitung ist aufgrund seiner Herkunft aus dem hohen Norden dreisprachig: Plattdeutsch ist ihm geläufig, in Hochdeutsch wie in Schwäbisch kann er sich akzentfrei verständigen. Gerhard Brien ist im Filstal aufgewachsen, hat in Tübingen Politik und Philosophie studiert und das Zeitungsmachen beim Schwäbischen Tagblatt in Reutlingen gelernt.

Gert Aldinger

Blick vom »Lämmler« übers Land

Grandiose Aussichten

DIE LAGE FELLBACHER LÄMMLER umfasst die hochwertigsten Weinberge der Stadt. Sie gilt traditionell als 1er Lage. Auf Buntem Mergel und Stubensandstein wachsen hier vor allem Sorten wie Lemberger, Spätburgunder, Sauvignon, Chardonnay und Riesling. Vom Sitzplatz mitten im »Lämmler« blickt man links auf den Württemberg, auf dem am Platz der ehemaligen Burg Wirtemberg seit 1824 die Grabkapelle des Hauses Württemberg liegt, ein Mausoleum im Stuttgarter Stadtteil Rotenberg. Die Grabkapelle wurde für Katharina Pawlowna (1788–1819) errichtet, die zweite Frau Wilhelms I. von Württemberg (1781–1864). König Wilhelm I. und die gemeinsame Tochter Marie Friederike Charlotte von Württemberg (1816–1887) sind ebenfalls dort bestattet. Schaut man geradeaus, erblickt man das geschwungene Dach der Mercedes-Benz-Arena. Das Mercedes-Benz-Museum scheint fast zum Greifen nah. Dahinter sieht man den über 100 Meter hohen Gaskessel, der den Stuttgarter Stadtteil Gaisburg beherrscht.

Eine Bänkle mit Blick auf den Rotenberg und bis hinüber zur Mercedes-Benz Arena. In unserem reichen Land ein guter Platz, um Dankbarkeit für all den Wohlstand in unserer Region zu empfinden, meint Gert Aldinger.

Vor Jahren saß ich einmal zusammen mit meiner Frau bei Kapstadt am Strand. Wir tranken einen guten Chardonnay und aßen ein einfaches Vesper. Der Blick auf den Tafelberg faszinierte mich. Schade, dachte ich, dass wir so etwas zu Hause nicht auch haben. Ein Freund wies mich darauf hin, dass es in Fellbach einen genauso grandiosen Blick gebe: von der Lage »Lämmler« am Kappelberg auf die Grablege der Württemberger zur Linken, auf die Lagen »Wetzstein« und »Gips« sowie das dahinterliegende Stuttgarter Daimler-Stadion in der Mitte und rechts auf das Gebiet Fellbacher Lindle. Und er hatte Recht: Was für eine grandiose Aussicht! Ich habe dann dort aus alten Mauersteinen einen Sitzplatz gebaut. Auf dieser schlichten Bank sitze ich oft, sinniere und schaue ins Land. Winzer ist der schönste Beruf, den es gibt, und an diesem Platz wird mir das immer wieder bewusst!

Gert Aldinger

GERT ALDINGER • Das Weingut Gerhard Aldinger kann auf eine über 500-jährige Tradition zurückblicken. Heute arbeiten drei Generationen zusammen und erzeugen auf traditionelle Weise Spitzenweine. Gert Aldinger setzt konsequent auf Qualität und wirkt als Präsident des VDP Württemberg (Verband der Prädikatsweingüter) nicht nur im Weingut, sondern auch im ganzen Land.

Hans-Ulrich Spieth

Der Alte Friedhof

Ruhepol im urbanen Getriebe

DER ALTE FRIEDHOF wurde ab 1605 mit Gräbern belegt. Er zählt zu den ältesten frühneuzeitlichen Friedhöfen in der Region. Der Friedhof schloss damals Fellbach nach Norden hin ab und lag deutlich außerhalb des Ortes. An der Nordmauer befindet sich eine kleine Grabkapelle, in der bis 1972 eine Kreuzigungsgruppe ihren Platz hatte (diese befindet sich heute in der Turmhalle der Lutherkirche). Der Alte Friedhof, ab 1933 kaum mehr belegt, dient heute als Ort der Erholung im Ortskern und ist eingebettet in die Parkanlage zwischen dem Rathaus und der

Schwabenlandhalle. Einige Gräber werden bis heute von den Angehörigen der Verstorbenen gepflegt. Die Pflege der Ehrengräber bedeutender Fellbacher Bürgerinnen und Bürger übernimmt die Stadt.

Der Alte Friedhof ist in einer gemächlichen Umwandlung zum Park begriffen. In der Mittagszeit kommen viele hierher, um ihr Vesper oder nur die Ruhe und den Schatten der Bäume zu genießen.

Seit meiner Kindheit zieht mich dieser Ort besonders an. Ich bin in der Nähe aufgewachsen und auch zur Schule gegangen. Nach der letzten Stunde machten wir hier immer unsere Zwischenstation auf dem Weg nach Hause, spielten unbekümmert Verstecken um die Gräber, bespritzten uns an der Wasserstelle und manchmal haben wir auch gestritten. Wir vergaßen die Zeit und das Mittagessen. Für mich ist der Alte Friedhof auch deshalb von Bedeutung, weil mein Ururgroßvater dort begraben ist. Es ist schön, dass dieser Park noch wie ein Friedhof aussieht. Wir grenzen den Tod gerne aus, aber er gehört zum Leben. Hier kann man innehalten, auf der Bank sitzen, nachdenken oder einfach nur dem Vogelgezwitscher lauschen. Nahe dem urbanen Getriebe ist der Alte Friedhof ein wahrhaftiger Ruhepol.

Hans-Ulrich Spieth

HANS-ULRICH SPIETH • Der Konrektor der Schillerschule Oeffingen ist im Gemeinderat der Stadt Fellbach und Fraktionsvorsitzender der CDU. Er befasst sich mit deutscher und europäischer Geschichte. Bei seinen Städtetouren besichtigt er immer auch die Friedhöfe. Der Pädagoge fährt gerne mit dem Rennrad durchs Remstal und genießt ab und an sein Glück beim Angeln.

Klein, aber fein

IN DER MARKTHALLE werden Brot und Kuchen, Fleisch, Wurst und Fisch, Gemüse und Obst, Blumen und mediterrane Delikatessen feilgeboten – und das unter dem Motto »einladend frisch«. Dafür sorgen die Anbieter und legen sich täglich aufs Neue ins Zeug. Die Markthalle in der Hinteren Straße dient nicht nur der Nahversorgung, sie ist zudem eine Belebung rund um den Entenbrunnen.

Ein Blumenladen, ein Metzger und ein Bäcker, ein Fischgeschäft, ein griechisch-türkisches Feinkostgeschäft – die Markthalle ist ein Eldorado für Liebhaber sinnlicher Genüsse.

Manch einer wird an ihr vielleicht zunächst vorbeilaufen, weil man sich unter dem Begriff »Halle« andere Dimensionen vorstellt. Sie ist zwar klein, aber fein, diese Markthalle. Hier überfallen keine übergroßen Werbetafeln den Besucher, sondern freundliche und überaus kundige Anbieter mit ihren vielen regionalen Erzeugnissen bedienen die Kunden. Oft wird dem Käufer gerne noch ein guter Rat für die richtige Zubereitung mit auf den Weg gegeben. Und die Markthalle selbst ist auf einem guten Weg, ein sozialer Treffpunkt zu werden. Hier kann man sich zwanglos an die Esstische setzen, sich verabreden, Freunde treffen oder neue Menschen kennenlernen. Die Markthalle ist eine Bereicherung in Fellbachs Innenleben und eine gute Ergänzung zu den bestehenden Geschäften.

Hermann Fünfgeld

HERMANN FÜNFGELD • Der ehemalige Intendant des Süddeutschen Rundfunks (SDR) hat die Geschichte und Geschicke des öffentlich-rechtlichen Rundfunks mitgeprägt. Er war einer der Architekten des SWR. Von 1990 bis 1998 stand er an der Spitze des Senders in Stuttgart. Seit vielen Jahren lebt der gebürtige Mannheimer in Fellbach.

Agata Ilmurzynska
Die Lehmgrube in Schmiden

Wo Frösche quaken und Libellen fliegen

DIE FRÜHERE LEHMGRUBE IN FELLBACH-SCHMIDEN ist in den letzten Jahren systematisch rekultiviert worden. Dort, wo sich einst Bagger tief in die Landschaft eingruben und wo sich zeitweise ein Auffüllplatz befand, erstreckt sich heute eine attraktive Freizeitlandschaft. Auf einer Gesamtfläche von rund sechs Hektar gibt es

Spiel-, Sport- und Grillplätze sowie ein Atrium mit Sitzbänken zum Verweilen und ein ausgedehntes Wegenetz, das Spaziergänge in einer interessant gestalteten Landschaft ermöglicht. Besonderer Anziehungspunkt für die Kinder und Eisenbahnfreunde ist die kleine Parkeisenbahn, die von Mitte März bis Oktober ihre Runden dreht.

Eine überwältigende Flut grüner Blätter, eine Atmosphäre fast wie im Regenwald: Die ehemalige Lehmgrube ist ein Beispiel für gelungene Renaturierung.

Wenn ich mit einem Buch an diesem grünen, fast zugewachsenen Teich sitze, wandern meine Gedanken in die keltische Zeit, wo Menschen vor mehr als zweitausend Jahren einen Hirsch und zwei Ziegenböcke aus Eichenholz gezaubert haben. Dabei höre ich den quakenden Fröschen zu. Wenn ich Glück habe, sehe ich auch einen Reiher in der großen Trauerweide sitzen oder einige Libellen, die über dem Wasser waghalsige Flugübungen machen. Hier an diesem Biotop wird mir vor Augen geführt, dass sich die Natur zurückholt, was ihr einst genommen wurde. Wenn ehemalige industriell genutzte Areale der Natur überlassen werden, vernarben alte Wunden und alles blüht wieder auf. Es braucht nur Zeit. Die ehemalige Lehmgrube bietet neben dem Biotop viele Möglichkeiten der Freizeitgestaltung und Naherholung. Auch meine Söhne sind mit diesem Ort eng verbunden.

Agata Ilmurzynska

AGATA ILMURZYNSKA • Die Aikidolehrerin ist Fraktionsvorsitzende der Grünen im Fellbacher Gemeinderat. Sie ist in Warschau geboren und aufgewachsen und hat Klassische Philologie studiert. Die überzeugte Radfahrerin radelt mit ihrer Familie oft durch Norwegen. Seit Jahren beobachtet sie dort, wie in den Asphaltrissen von stillgelegten Straßen wieder Pflänzchen wachsen.

Andreas Möhlmann

Der Kernenturm

Stundenurlaub zu allen Jahreszeiten

DER KERNENTURM steht auf dem 513 Meter hohen Kernen, einem Berg im Westen des Schurwaldes. Bei klarem Wetter sieht man bis zum Odenwald. Der nordwestlich von Fellbach gelegene Aussichtsturm wurde 1896 von der Ortsgruppe Stuttgart des Schwäbischen Albvereins errichtet. Er besteht aus Sandstein-Mauerwerk und ist 27 Meter hoch. Auf den viereckigen Turm mit einer offenen Plattform führt eine Treppe mit 154 Stufen.

Der Kernenturm ist ein Ausflugsziel für die ganze Familie, aber auch für schwäbische »Weinzähne«: Man beachte, dass man am Kiosk mindestens vier verschiedene Sorten Trollinger bekommt!

Hier auf dem höchsten Punkt der Stadt gibt es die ideale Gelegenheit, über die Baumwipfel zu schauen und grenzenlos den Blick schweifen lassen. Man ist in Fellbach und hat doch die Distanz, um an diesem ganz besonderen Ort Stundenurlaub zu machen. Mit dem Kernenturm bin ich seit meiner Kindheit eng verbunden. Zu allen Jahreszeiten, am Tag oder in den Abendstunden hat dieser Ort seinen ganz eigenen Charme. Im Winter hat er für mich etwas Mystisches. In der Nacht schaut man auf Lichter, die sich wie Perlen aneinanderreihen. Mit einem Rast-, Spiel- und Grillplatz ist dieser Turm ein Ausflugsziel für die ganze Familie.

Andreas Möhlmann

ANDREAS MÖHLMANN • Der Architekt ist Fraktionsvorsitzender der SPD im Fellbacher Gemeinderat, Kreisrat und Vorsitzender der AWO Fellbach. Er ist ein echtes »Waldheimkind«. Schon als Sechsjähriger verbrachte er die Sommerferien im Naturfreundehaus am Kappelberg. Später engagierte er sich viele Jahre lang als Gruppenbetreuer und Freizeitleiter bei der Kinderstadtranderholung der AWO Fellbach.

Jörg Rauschenberger
Reblage »Am Goldberg«

Ein weiter Blick übers Land

DAS GEBIET »GOLDBERG« liegt am Nordhang des Kappelbergs unmittelbar südlich von Fellbach. Neben den Fellbacher Weingärtnern haben auch viele andere Winzer hier ihr Rebland. Die Lage »Am Goldberg« ist neben dem »Lämmler« das zweite große Hauptanbaugebiet am Kappelberg. Tatsächlich hat Fellbach fast nur 1er Lagen, die ideal zur Sonne hingeneigt sind. Hier herrscht ein Klima wie am nördlichen Kaiserstuhl. Zu der Wärme, die das Tal ausstrahlt, kommt die Stadtwärme. Es gibt wenige Spätfröste und die Sonne filternde Nebel erreichen selten die Höhenlagen. Eine lange Reifezeit beschert den Weinen am Kappelberg intensive Aromen. Unterschiedliche Böden vom Keuper über den Gips bis zum Stubensandstein verleihen den Fellbacher Weinen ihr spezifisches Terroir. Das Rebflurbereinigungsverfahren am Goldberg wurde beim Landesentwicklungswettbewerb 1999 als herausragendes Beispiel einer gelungenen Rebflurbereinigung prämiert.

Von der Kappelberglage »Am Goldberg« geht der Blick weit hinaus übers Land. Deshalb ist dieser Ort immer mehr zu meinem ganz persönlichen Lieblingsplatz geworden. Stets den Überblick zu behalten, weit über den Tellerrand hinauszuschauen, empfinde ich auch als meine Aufgabe im Unternehmen. Das Restaurant »Goldberg« habe ich nach dieser Reblage benannt, und nicht zuletzt komponieren die Fellbacher Weingärtner aus den dortigen Reben für uns eine Cuvée »Goldberg«. Die Assoziationen rund um den Begriff »Goldberg« versinnbildlichen zu einem guten Teil meine Unternehmensvision: Dem Außergewöhnlichen, dem Besonderen, der gelebten Qualität den passenden Rahmen zu geben. Die Eventlocation »Goldberg[Werk]« in Fellbach ist die logische Weiterentwicklung dieses Gedankens – sie wird nicht die letzte bleiben.

Jörg Rauschenberger

Linke Seite: Von der Reblage Goldberg aus kann Jörg Rauschenberger bis zu seinem gleichnamigen Restaurant und bis zum »Goldberg[Werk]« schauen.

Kleines Foto: Der Wein, der einmal aus diesen Trauben entsteht, findet sich auch auf der Karte des Restaurants »Goldberg«.

JÖRG RAUSCHENBERGER • Nach dem Besuch der Hotelfachschule in Lausanne eröffnete Jörg Rauschenberger 1982 sein erstes Restaurant in Winnenden. Seither gehören zur Gastro-Gruppe auch die Restaurants »CUBE« und »PIER 51« in Stuttgart sowie das »Goldberg« in der Schwabenlandhalle und seit 2013 die Eventlocation »Goldberg[Werk]« auf dem früheren Mahle-Areal in Fellbach. Die Abteilung für Eventcatering hat sich zwischenzeitlich zum Unternehmensschwerpunkt entwickelt.

PEBE Paul Bader

Der Fellbacher Bahnhof

Und mittendrin der Mensch

DER BAHNHOF FELLBACH liegt am Streckenkilometer 6,2 der Remsbahn und ist eine Station im Netz der S-Bahn Stuttgart. Beim Bau der Remsbahn richtete die Königlich Württembergische Staatsbahn 1861 als einzige Station zwischen Cannstatt und Waiblingen auf dem Schmidener Feld einen Bahnhof für Fellbach ein. Er lag seinerzeit rund eineinhalb Kilometer nördlich von Fellbach und eineinhalb Kilometer südlich von Schmiden an der Gemarkungsgrenze. Bereits vor dem Bau der Eisenbahn zählte Fellbach knapp 3000 Einwohner und war eines der größten Dörfer des Landes. Das aus hellem Sandstein errichtete Empfangsgebäude wird noch heute als solches genutzt. 1973 waren Fellbach und Schmiden auf Höhe des Bahnhofs zusammengewachsen und Schmiden wurde eingemeindet. Heute wird der Bahnhof von den Linien S2 und S3 der Stuttgarter S-Bahn bedient. Der Bahnhof Fellbach wird von Waiblingen aus ferngestellt. In den nächsten Jahren soll er als »Bahnhof der Zukunft« in eine Mobilitätszentrale umgestaltet werden.

Links: Die Königlich Württembergische Staatsbahn errichtete 1861 diesen Bahnhof auf dem noch jungfräulichen Schmidener Feld.

Rechts: Fellbachs Schnittstelle in die weite Welt. Mitten im Gewusel wird Struktur deutlich – man muss nur lange genug hinschauen.

Seit Jahren faszinieren mich die »Banlieues«, unsere Vorstädte, mit ihrem Gemisch aus Plätzen, Straßen, Bus- und S-Bahn-Haltestellen, ihren Reklametafeln und Verkehrsschildern, der üblichen Architektur und der bescheidenen kommunalen Vegetation. Und mittendrin der Mensch, der Akteur der Show, ruhelos unterwegs, auf dem Sprung, in Eile oder beim Warten. Doch inmitten des Gewusels wird Struktur deutlich, ein klarer Rhythmus des Ankommens und Fortgehens, der Stille und Einsamkeit am Abend oder in der Nacht. Es ist eine »Comédie humaine«, barock und cool zugleich, eitel, erotisch, zuweilen ein improvisierter Laufsteg. Mein Glück: Ich habe das Atelier gleich beim Motiv, bin fast täglich auf dem Bahnhof, der direkt vor meinem Atelier liegt. Ich stelle mich unter die Leute und was ich sehe, übersetze ich im Atelier ins Bild. Immer entdecke ich Neues und immer genieße ich in diesem Panoptikum aus Posituren, Gesten, Gesichtern, Alltagsmasken die reichlich vorhandene Situationskomik, diesen ganz eigenen »S-Bahn-Humor«.

PEBE Paul Bader

PEBE PAUL BADER • Der Maler und Grafiker PEBE Paul Bader ist einer der renommiertesten Künstler des Rems-Murr-Kreises und genießt weltweit hohes Ansehen. Schon ab 1965 arbeitete er in Fellbach-Schmiden, seit 1979 in seinem Atelier in der Fellbacher Eisenbahnstraße. PEBE gilt als Maler und Zeichner der Aktualität, die Figur steht im Mittelpunkt seiner Bilder. Gerne arbeitet er in langjährigen Serien, beispielsweise zu Themen wie »Aqua« oder »Banlieue«.

Thilo Frank

Die Orgel in der Lutherkirche

Sichtbar, hörbar und erlebbar

DIE LUTHERKIRCHE wurde erstmals im 13. Jahrhundert als »Galluskirche« erwähnt. Im 14./15. Jahrhundert wurde sie mit Mauern, Türmen und Wassergraben zu einer Wehrkirche ausgebaut. Ihr heutiges Aussehen entstand in drei Phasen: der Turm 1518, der Chor im Jahre 1524 und 1779 das Kirchenschiff im spätbarock-klassizistischen Stil mit rund 550 Sitzplätzen. Zu den Besonderheiten der Lutherkirche zählen die sieben Kreuzwegbilder, das mittelalterliche Sakristei-Gewölbe, das Epitaph von Conrad Maickler (Pfarrer in Fellbach von 1610–1647) und der denkmalgeschützte Orgelprospekt aus dem 18. Jahrhundert mit sogenannten Schleierbrettern aus der Rokokozeit.

Das historische Gehäuse der Orgel spiegelt Klang- und Denkstrukturen mehrerer Epochen wider. Am Rednerpult Gerhard Raff, bekannter Autor schwäbischer Kolumnen und Bücher.

Beim Betreten der Lutherkirche wird der Blick des Besuchers sogleich auf die Orgel über dem Altar gelenkt. Die Anordnung von Orgel, Altar, Kanzel und Taufstein ist ein Zeugnis protestantischer Gottesdienst- und Kirchenbaukultur, die bis ins 16. Jahrhundert, sprich auf Martin Luther, zurückgeht. In dieser visuellen Einheit spüre ich Authentizität, Stimmigkeit und emotionelle Anrührung, insbesondere beim Anblick des denkmalgeschützten Orgelgehäuses aus dem 18. Jahrhundert. Das historische Gehäuse spiegelt Klang- und Denkstrukturen mehrerer Epochen wider.

Thilo Frank

THILO FRANK • Der studierte Kirchenmusiker ist seit 2003 Organist und Kantor der Lutherkirche. Das Innenleben der »Königin der Instrumente« kennt er besser als die eigene Westentasche. Von seinem Spiel sind auch kleine Zuhörer begeistert.

Rani Khedira

Der Fußballplatz des TV Oeffingen

Tief verwurzelt im Oeffinger Rasen

DER TURNVEREIN OEFFINGEN 1897 ist Stützpunkt des DFB im Rems-Murr-Kreis. Der rund 2300 Mitglieder zählende Verein hat zehn Abteilungen, neben Fußball auch Turnen, Tennis, Tischtennis, Tanz, Handball, Faustball, Volleyball, Ski und Wandern. Einen Schwerpunkt legt der Verein auf die Förderung von Heranwachsenden sowie auf die Vermittlung von sportlichen und sozialen Kompetenzen. Auf dem Vereinsgelände gibt es einen Turnspielgarten, eine Kindersportschule und einen Jugendclub.

Von Oeffingen in die Welt: Hier begann die Fußballkarriere der Brüder Khedira.

Es ist ein unbeschreibliches Gefühl, in ein großes Stadion einzulaufen. Dabei habe ich aber immer vor Augen, wo alles begann. Meine Brüder und ich sind mit diesem Rasenplatz hier in Oeffingen tief verwurzelt.

Rani Khedira

RANI KHEDIRA • Der VfB-Spieler und Deutsch-Tunesier ist in Oeffingen aufgewachsen. Die Karriere des Mittelfeldspielers begann wie die seines älteren Bruders auf dem Fußballplatz in Oeffingen. Sami Khedira trägt das Trikot der deutschen Nationalmannschaft. Bei der Weltmeisterschaft 2010 erzielte er sein erstes Länderspieltor. Wenn die beiden Fußballprofis mal nicht dem runden Leder in den Stadien dieser Welt nachjagen, feuern sie ihren Bruder Denny an, der für den TV Oeffingen spielt.

Gerhard Rienth

Zwischen den Rebenreihen

Weinbau

seit Jahrhunderten

Mindestens seit 1530 ist die Familie Rienth im Weinbau tätig. Das Schaffen im eigenen Wengert ist für Gerhard Rienth Pflicht und Freude zugleich.

AB ENDE SEPTEMBER WIRD GEHERBSTET – so heißt die Weinlese im Schwäbischen. Früh reifende Sorten läuten die Erntezeit ein, die sich bis Ende Oktober hinzieht, wenn Trollinger- und Rieslingtrauben mit einem satten Plumpsen in die Eimer fallen. Weinlese ist die Hoch-Zeit im Weinjahr. In den Weinbergen herrscht schon von Weitem sichtbar ein reges Gewusel. Traktoren knattern und Hunderte von Lesern bücken sich zwischen den Rebreihen. Früh am Morgen bekommt man noch klamme Finger, mittags klebt vor lauter süßem Traubensaft die Rebschere an den Händen. Wenn der Pegel in den grünen Plastikwannen auf ein beachtliches Maß gestiegen ist, ist es Zeit für ein kräftiges Vesper – mit Schinkenwurst, saftigen Ripple, Brot und Brezeln und mit einem Wein vom vergangenen Jahr. Wein vom Vorjahr wird auch jeweils am zweiten Oktober-Wochenende auf dem Fellbacher Herbst ausgeschenkt, dem großen Weinfest der Stadt.

Wenn ich hier am Hinteren Berg beim Herbsten zwischen unseren Rebenreihen stehe, dann wird mir immer wieder bewusst, dass unsere Familie seit Jahrhunderten dem Weinbau treu geblieben ist und welch schwere Arbeit unsere Vorfahren geleistet haben. Die Rebschere und prächtige Trauben in den Händen, gehen mir meine Kindheitstage durch den Kopf. Dabei erinnere ich mich auch an die Zeit der Rebflurbereinigung in diesem Gebiet. In Anbetracht der kommenden Mechanisierung im Weinbau hatte mein Vater als Erster anstatt des empfohlenen Reihenabstands von 1,6 Metern auf zwei Meter umgestellt. Dies löste damals heftige Diskussionen mit dem zuständigen Weinbauberater und den Behörden aus. Heute sind zwei Meter Reihenabstand Standard.

Gerhard Rienth

GERHARD RIENTH • Die Wengertertradition der Familie Rienth lässt sich bis ins Jahr 1530 zurückverfolgen. Mittlerweile ist es die 14. Generation, die im Weinberg schafft. Wenn der Weinbautechniker eine Zeitlücke findet, segelt er gerne – am Bodensee oder in der Karibik.

Gudrun Lack

Die Alte Kelter

Die schlichte Größe des Raumes

DIE ALTE KELTER FELLBACH WURDE 1906 errichtet. Als größter kommunaler Kelterbau Baden-Württembergs verbindet sich hier traditionelle Fachwerkbauweise mit den Größenvorstellungen industrieller Zweckbauten. Bestechend ist die filigrane Dachkonstruktion aus Holz, die sich über 3000 Quadratmeter Grundfläche wölbt und damit die größte ihrer Art in Deutschland ist. Dank aufwändiger Renovierung und moderner Lichttechnik hat sich der ehemalige Kelterraum zu einem einzigartigen Veranstaltungsort gewandelt. Hell und offen und doch heimelig und persönlich präsentiert sich der große Raum, der auch variabel unterteilbar ist – ohne Verlust an Flair und Atmosphäre. Eine individuell geöffnete Vinothek und eine Dauerausstellung über Weinbau und Küferhandwerk sind stimmige Attraktionen im Haus.

Linke Seite: Ungewöhnlich ist die freitragende Dachkonstruktion der Kelter, die dem Gebäude den Beinamen »Kathedrale des Weines« eingetragen hat.

Kleines Foto: Bei der Fellbacher Triennale trifft moderne Kunst auf alte Eichenbalken. 2013 hing von der Decke dieser gigantische Bienenstock aus »Klein-Plastiken«, bunten Tüten von Pascale Marthine Tayou.

Immer wieder genieße ich den Blick von der Balustrade der Vinothek auf das grandiose innenliegende Fachwerk der Alten Kelter. Diese freitragende Holzdach-Konstruktion ist ein ganz ungewöhnliches Kunstwerk und auch ein Zeugnis allerhöchster Zimmermannskunst. Besonders zur Geltung kommt der gewaltige Raum, wenn er ganz leer ist und nur durch seine ungeheure Großzügigkeit wirkt. So entsteht eine ganz spezielle Stimmung, fast wie in einer Kathedrale. Faszinierend, wenn hier Tradition und Moderne sich gegenseitig befruchten, wie etwa bei der Fellbacher Triennale Kleinplastik. Aber auch die Außenansicht der Alten Kelter ist beeindruckend. Beim Blick vom Kappelberg auf das große rote Dach wirkt das Gebäude schon durch seine außergewöhnliche Dimension.

Gudrun Lack

GUDRUN LACK • »Des Lesers Zuflucht« – so nennt Gudrun Lack gerne ihre Buchhandlung in einem der schönsten Fachwerkhäuser Fellbachs. Die leidenschaftliche Buchhändlerin gründete »Bücher-Lack« vor über 27 Jahren im selben Haus. Die Buchhandlung gilt mittlerweile als feste Fellbacher Institution.

Emine Kara

Bewegungsparcours Schmiden

Immer in Schwung bleiben

DER BEWEGUNGSPARCOURS BEIM SENIORENHAUS »ALTE SCHULE« geht auf eine Initiative des Fellbacher Seniorenrates zurück. Die sieben Trainingsgeräte sind geeignet, die Bein-, Arm- und Körpermuskulatur zu stärken, das Gleichgewicht und die Koordination zu trainieren sowie die Beweglichkeit und Gelenkigkeit zu fördern.

Zwischen der Seniorenresidenz und einem Wohngebiet liegt Emine Karas Lieblingsplatz. Fast täglich kann man ihr hier beim Frühsport begegnen.

Um in Schwung zu bleiben, laufe ich mit meinen Freundinnen zum Bewegungsparcours. Zwei bis drei Mal in der Woche machen wir dort unseren Frühsport. Das ist ein guter Start in den Tag. Nach den vollbrachten Übungen gehen wir gerne ins Café »La Mocca« und belohnen uns schon mal mit einem Stückchen Kuchen.

Emine Kara

EMINE KARA • Sie kam mit 17 Jahren aus der Türkei nach Deutschland. Seit Jahren ist sie Mitglied im Integrations- und Gleichstellungsbeirat und engagiert sich in vielen Ehrenämtern. Sie gab lange Zeit Deutschkurse für türkische Frauen und unterrichtet mit viel Humor Türkisch an der Volkshochschule für die Urlauber, die in ihre alte Heimat strömen, und für all jene, die diese Sprache interessiert.

Ulrich Lenk

Besinnungsweg – Station 1

»Zeit« *gewinnen*

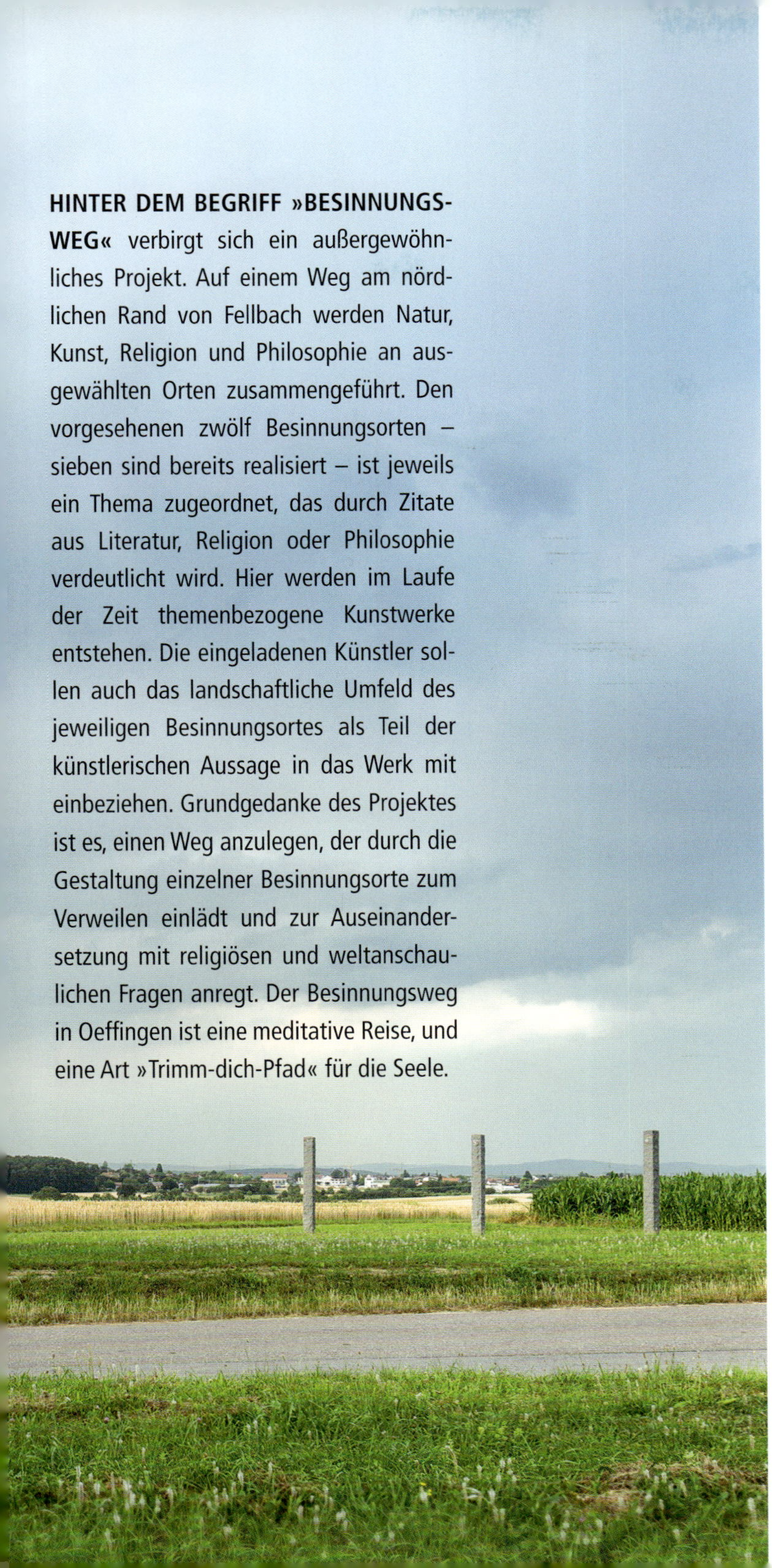

Der Besinnungsweg – eine Art Trimm-dich-Pfad für die Seele.

HINTER DEM BEGRIFF »BESINNUNGSWEG« verbirgt sich ein außergewöhnliches Projekt. Auf einem Weg am nördlichen Rand von Fellbach werden Natur, Kunst, Religion und Philosophie an ausgewählten Orten zusammengeführt. Den vorgesehenen zwölf Besinnungsorten – sieben sind bereits realisiert – ist jeweils ein Thema zugeordnet, das durch Zitate aus Literatur, Religion oder Philosophie verdeutlicht wird. Hier werden im Laufe der Zeit themenbezogene Kunstwerke entstehen. Die eingeladenen Künstler sollen auch das landschaftliche Umfeld des jeweiligen Besinnungsortes als Teil der künstlerischen Aussage in das Werk mit einbeziehen. Grundgedanke des Projektes ist es, einen Weg anzulegen, der durch die Gestaltung einzelner Besinnungsorte zum Verweilen einlädt und zur Auseinandersetzung mit religiösen und weltanschaulichen Fragen anregt. Der Besinnungsweg in Oeffingen ist eine meditative Reise, und eine Art »Trimm-dich-Pfad« für die Seele.

Schnell, schneller und noch schneller. Die Beschleunigung ist ein Phänomen unserer Zeit, doch gerade an der Zeit mangelt es uns. Wir rennen, aber die Zeit rennt uns davon. Doch sie ist neben der Gesundheit das Kostbarste, was wir haben. Deshalb sollten wir mit diesem Gut verantwortlich umgehen, uns Zeit nehmen für die Familie, für Freunde und uns selbst. Die Station »Zeit« inspiriert dazu, eingefahrene Wege auch mal zu verlassen, aus den Mühlen des Alltags auszubrechen, anzuhalten, sich zu besinnen und wieder Zeit zu gewinnen in Zeiten von Hochgeschwindigkeiten und Multitasking.

Ulrich Lenk

ULRICH LENK • Der Schulleiter der Kaufmännischen Schule in Waiblingen ist Vorsitzender der FW/FD-Fraktion im Gemeinderat der Stadt Fellbach sowie Fraktionsvorsitzender der FDP/FW-Kreistagsfraktion. Er war viele Jahre lang Vorsitzender, heute ist er Präsident des TSV Schmiden, einem der erfolgreichsten Sportvereine in der Region und dem mit über 6500 Mitgliedern größten Verein Fellbachs sowie im Rems-Murr-Kreis.

Thomas Bauer
Stadtbücherei Fellbach

Mit Karl May die Abenteuerlust entdeckt

DIE FELLBACHER STADTBÜCHEREI mit ihren architektonisch interessanten und preisgekrönten Räumen zeigt sich modern, offen, bunt und vielseitig. Sie verfügt mit ihren Stadtteilbüchereien in Schmiden und Oeffingen über einen Gesamtbestand von rund 100 000 Medien: Sachbücher, Belletristik, Kinder- und Jugendbücher, CDs, Filme, Spiele,

Zeitungen und Zeitschriften. Kostenloser Internetzugang, Online-Katalog und Datenbanken ergänzen das Informationsangebot. Die Stadtbücherei fungiert aber auch als Ort der Begegnung. Autorenlesungen, Vorträge, Ausstellungen, Vorlesestunden oder Bilderbuchkino für Kinder gehören zum Programm.

Im roten Sessel taucht Thomas Bauer in die Welt der Bücher ein. Hier war die Keimzelle seiner Abenteuerlust.

Meine Kindheit und Jugend ist nachhaltig geprägt durch die Stadtbücherei in Fellbach. Meine Vorliebe galt den Karl-May-Bänden und allen möglichen Abenteuergeschichten. Vielleicht wurde mir schon damals meine Abenteuerlust eingeimpft, als ich in den Schmökern der großen (Phantasie-)Reisenden las. Bei meinen Besuchen in meiner Heimatstadt kehre ich sehr gerne an diesen Ort zurück. Dann setze ich mich im Obergeschoss in den roten Sessel, tauche hinein in die Welt der Bücher und genieße diese wertvollen Momente der Muße.

Thomas Bauer

THOMAS BAUER • Der Abenteurer ist in Fellbach aufgewachsen. Nach Stationen in Konstanz, Sydney und Paris ist er an den Starnberger See gezogen. Er fuhr mit dem Hundeschlitten durch Grönland, umrundete auf einem Postrad Frankreich und reiste per Rikscha durch Südostasien. Im Himalaya entdeckte er einen der letzten noch frei lebenden Schneeleoparden.

Christoph Sonntag

Das Gasthaus Kreuz in Oeffingen

Frischer Kräuterkäse und Oma Hermine

LUKULLUS UND BACCHUS SIND EINTRÄCHTIG VEREINT in Fellbach und seinen Ortsteilen: Urige Gasthöfe und Besenwirtschaften laden zu Hausmannskost ein. Freunde bodenständiger oder mediterraner Küche und auch Gourmets kommen gleichermaßen auf ihre Kosten.

Schuldig oder nicht schuldig – das ist hier die Sonntags-Frage!

Sie sind selten geworden, die Orte, in denen bodenständige, einfache Gerichte angeboten werden – Gasthäuser, in denen der Kartoffelsalat nach einem mündlich überlieferten Rezept hergestellt wird und einfach unvergleichbar schmeckt. Das »Gasthaus zum Kreuz« ist so ein Ort. Ich bin viel zu selten dort, aber wenn, dann immer begeistert von den Linsen mit Spätzle, vom Rostbraten oder vom frischen Kräuterkäse mit Brot. Hier sitzt Alt und Jung zusammen, hier wird der Generationenübergriff zelebriert. Übrigens: Meine Oma Hermine dürfte bis heute nicht wissen, dass ich im katholischen Oeffingen verkehre. Sie hat als überzeugte evangelische Pietistin diese Ortschaft nie betreten, obwohl sie ein Stückle in Hegnach besaß, das direkt nebenan lag.

Christoph Sonntag

CHRISTOPH SONNTAG • Mit über 150 Auftritten im Jahr zählt er zu den bekanntesten Kabarettisten und satirischen Unterhaltern weit über die Grenzen des Schwabenlands hinaus. Er engagiert sich zudem mit seiner »Stiphtung Christoph Sonntag« für ökologische und soziale Projekte. Seine Kinder gehen in Fellbach zur Schule.

Fritz-Ulrich Aupperle

Landungsbrücke am Neckarufer

Das Wasser, das du berührst

DER LANDUNGSSTEG AM NECKARUFER BEI OEFFINGEN wurde 2009 im Rahmen des Masterplans Landschaftspark Neckar gebaut. Die 24 Meter lange Stahlskulptur, deren Rampe sechs Meter über der Wasseroberfläche endet, wurde von Professor Claus Bury entworfen. Der Aussichts- und Orientierungspunkt ist der erste Schritt einer Umgestaltung des Neckarufers mit geschützten Renaturierungsflächen, einem neu angelegten Flachwasserbereich sowie einer großen Holzplattform am Wasser. Später soll die ehemalige Kläranlage Weidachtal in einen ökologisch und künstlerisch erlebbaren Landschaftsraum verwandelt werden. Zusammen mit dem Besinnungsweg schafft die Stadt damit eine Verbindung zwischen Neckar und Rems als Beitrag Fellbachs für die im Remstal 2019 geplante interkommunale Gartenschau.

Nachsinnen über Vergangenheit, Gegenwart und Zukunft.

Die Hektik des Alltags verlangt nach kleinen Auszeiten. Nach einem Ort, an dem man zur Ruhe kommen kann. Früher bin ich deshalb oft am Kappelberg spazieren gegangen und habe zwischen den Rebzeilen hinunter ins Tal geblickt. Seitdem ich auch in Oeffingen einen Markt habe, zieht es mich in solchen Momenten mehr ins Weidachtal hinaus. Ein schöner Weg führt zur Landungsbrücke am Neckar, davor stehen Bänke, die den Blick auf den Fluss erlauben. Hier sitze ich gerne, spüre den Wind im Gesicht und schaue dem fließenden Wasser zu. »Das Flusswasser, das du berührst, ist das Letzte von dem, was weggeflossen ist, und das Erste von dem, das heranfließt. So ist die Gegenwart.« Wo anders als hier kann man über diesen Satz von Leonardo da Vinci besser nachsinnen?

Fritz-Ulrich Aupperle

FRITZ-ULRICH AUPPERLE • Der Aufsichtsrat der REWE Zentral AG und Vorstand der REWE Südwest ist selbstständiger Kaufmann mit fünf Standorten in Fellbach und Umgebung. Der ausgewiesene Weinkenner ist für das vinologische Sortiment seiner Supermärkte mehrfach prämiert worden. Fritz-Ulrich Aupperle unterstreicht sein Bekenntnis zur Region durch die Kooperation mit mehr als 50 regionalen Erzeugern.

Armin Karrer

Die »Spinne«

Wo sich viele Wege öffnen

DIE »SPINNE« IST EIN WEGKREUZ unterhalb des Kappelberges. Sieben schmale Straßen führen von hier aus in alle Himmelsrichtungen. Auf der einen Seite die Weinberge, auf der anderen Gärten und Gütle. Die »Spinne« liegt nicht weit außerhalb des Fellbacher Stadtrandes Richtung Kernen. Fahrrad- und Wanderwege führen nach Rommelshausen und Stetten. In 15 Gehminuten ist man beim Naturfreundehaus, auch die Freilandanlage der Aquarien- und Vogelfreunde im Haldenbach ist nicht weit. Von hier aus führt der Weg, bald schon steil ansteigend, durch den Wald zum 1896 vom Schwäbischen Albverein erbauten Kernenturm mit faszinierendem Rundblick über das württembergische Unterland.

Ein Ort mit Symbolkraft – die »Spinne«. Sieben Wege führen von hier aus in alle Himmelsrichtungen.

Wer, wie ich, einen genussorientierten Beruf hat, muss Sport treiben – der Figur zuliebe und auch, um immer wieder den Kopf freizubekommen. Ich habe mir deshalb angewöhnt, jeden Morgen ein bis zwei Stunden zu joggen oder mit den Inlinern zu skaten. Dabei bin ich auf eine Wegkreuzung aufmerksam geworden, die von den Fellbachern die »Spinne« genannt wird. Dies ist ein faszinierender Ort, von dem aus Wege in sieben Richtungen abgehen. Ein Platz mit Symbolkraft, denn wie im ganzen Leben muss ich mich hier immer wieder entscheiden, welche Richtung ich einschlage. Wobei, anders als oft im Leben, jeder Weg einen ausgesprochen schönen Verlauf nimmt. Wenn ich mich dann körperlich ausgetobt habe und wieder zurück zur »Spinne« komme, ist mein Kopf frei und die Probleme, die mich beschäftigt haben, sind allesamt gelöst!

Armin Karrer

ARMIN KARRER • Der österreichische Sternekoch ist seit 1996 in Baden-Württemberg tätig und leitet seit zehn Jahren in Fellbach die Restaurants »avui« und »Zum Hirschen« sowie eine Kochschule und einen Cateringservice. Bei seinen Tätigkeiten im Restaurant »Ulrichshöhe« in Nürtingen und »Weber's Gourmet im Turm« in Stuttgart sowie aktuell im Restaurant »avui« in Fellbach wurde er jeweils mit einem Michelin-Stern ausgezeichnet. Armin Karrer umschreibt seine »Cuisine Réelle« mit den Stichworten »puristisch, kreativ und natürlich«.

Marcus Hofmeister

Spiel-Platz unterhalb der neuen Kelter

Ein verspielter Ort

DER KINDERSPIELPLATZ UNTERHALB DER NEUEN KELTER wurde mit Spielgeräten und Schnitzereien der Firma SIK-Holzgestaltung aus Brandenburg ausgestattet. Sie hat die Geräte nach Vorgaben der Grünflächenabteilung beim städtischen Tiefbauamt angefertigt. Insgesamt gibt es in Fellbach 60 öffentliche Kinderspielplätze, darunter 25 im Stadtteil Fellbach, 18 in Schmiden, 13 in Oeffingen und 4 im Stadtwald.

60 Spielplätze hat die Stadt Fellbach. Dieser ist klein, aber einer der schönsten.

Eltern sind immer dann glücklich, wenn ihre Kinder glücklich sind. Bei mir und meiner Frau Stephanie ist das nicht anders. Da unsere Söhne Maximilian (drei Jahre) und Lucas (fünf Jahre) noch klein sind, ist unser Lieblingsplatz in Fellbach natürlich einer der öffentlichen Kinderspielplätze. Nicht weit von unserem Haus entfernt liegt der neu angelegte kleine Platz unterhalb der Neuen Kelter. Er ist wunderschön hergerichtet, hat tolle Spielgeräte und liebevoll geschnitzte Verzierungen wie Vögel, Schnecken oder Trauben. Da der Platz in sich geschlossen ist, können wir uns gemütlich hinsetzen, ohne Angst haben zu müssen, dass den Kindern was passiert. Und weil der Spielplatz so nah gelegen ist, treffen unsere Kinder hier auch ihre Freunde aus der Nachbarschaft.

Marcus Hofmeister

MARCUS HOFMEISTER • Diplom-Önologe Marcus E. Hofmeister und Albrecht Rieger machen in ihrer »Destillerie & Genussmanufaktur« in Fellbach aus heimischem Obst edle Brände. Erzeugt wird das Obst auf fünf Hektar, hinzu kommen noch etliche Flächen an Rebland. Weitere Spezialitäten sind hausgemachte Fruchtaufstriche, Essige und Chutneys.

Willy Brand

Das Schmidener Stadion

Fellbach: eine sportliche Stadt

DER TSV SCHMIDEN ist mit mehr als 6500 Mitgliedern einer der größten Sportvereine in Württemberg. In 22 Abteilungen wird nahezu jede Sportart angeboten – von Aikido bis YOMO. Zu den Sportstätten gehören der Sportpark Schmiden, der Freizeit-Sportclub »activity« im Rems-Murr-Center, das Bewegungszentrum, die Bewegungslandschaft »Schmidolino«, eine Indoor-Kletterwand, ein Hochseilgarten, der »Schmiden Beach«, das Tanzsportzentrum und die Tennishalle. Sportliche Erfolge errangen unter anderem Magdalena Brzeska, die für den TSV Schmiden insgesamt 22-fache Deutsche Meisterin wurde und an den Olympischen Spielen 1996 in Atlanta/USA teilnahm, die Beachhandballmänner des TSV, die 1998 das

Beachhandball-Masters in Cuxhaven gewannen und damit inoffizieller deutscher Beachhandballmeister wurden, sowie Sabine Heinrich, die zwischen 1997 und 2000 vier Mal Deutsche Meisterin im Triathlon über die Langdistanz wurde.

Der TSV Schmiden hat viele erfolgreiche Sportler hervorgebracht. Im Versehrtensport hat Willy Brand über einen langen Zeitraum viel bestaunte Höchstleistungen erzielt.

Ich weiß nicht mehr, wie oft ich schon in diesem Stadion war. Wahrscheinlich viele hundert Mal. Meine große Liebe galt ja schon als Kind dem Sport, und vor allem der Leichtathletik. Seit vielen Jahren bin ich beim TSV Schmiden im Versehrtensport aktiv. Hier in diesem Stadion trainiere ich den ganzen Sommer, aber noch mehr in unserem vereinseigenen Fitnesszentrum »activity«, um dann im Frühjahr fit für die baden-württembergischen oder Deutschen Meisterschaften zu sein. Denn auch und gerade im Versehrtensport muss man ja hart und kontinuierlich trainieren, um eine gute Leistung erbringen zu können. Fellbach ist eine sportliche Stadt, die mir hervorragende Trainingsmöglichkeiten bietet. Es beeindruckt mich, dass rund ein Drittel aller Einwohner in einem Sportverein sind – für eine Stadt dieser Größe sind das unglaublich viele.

Willy Brand

WILLY BRAND • Der gebürtige Bayer kam 1939 nach Württemberg und arbeitete in Stuttgart als Postinspektor. Zu seinen Erfolgen im Versehrtensport zählen unter anderem der Gewinn der Goldmedaille bei den Paralympics 1980 in Arnheim/Holland und der Deutschen Meisterschaften mit der 4x400-Meter-Staffel über 50 Jahre auf den verschiedensten Distanzen. Am Anfang waren es vor allem die Laufwettbewerbe über 400, 1000 und 1500 Meter und der Weitsprung, die ihn begeisterten, später dann die technischen Disziplinen Kugelstoßen und Diskus in der Altersklasse M70. 2013 wurde Willy Brand in Fellbach zum »Sportass der Herzen« gewählt.

Joachim Habiger

Der Platz vor der Schwabenlandhalle

Ein ganz besonderer Ort

DIE SCHWABENLANDHALLE ist seit mehr als drei Jahrzehnten Gastgeber regionaler und internationaler Veranstaltungen. Von Anfang an waren Hotellerie und gehobene Gastronomie fester Bestandteil der Halle. Dem »Alt Württemberg« folgten das »Eduard M.« und zuletzt das »GOLDBERG Restaurant & Winelounge«.

Auf kleinen Rädern schnell zur Lehrstelle: Um in seiner Azubizeit nicht zu spät zu kommen, fuhr Joachim Habiger oft mit Rollschuhen von Oeffingen nach Fellbach.

Zur schönsten Zeit meines Lebens gehört die Ausbildung zum Koch im »Alt Württemberg«, der damaligen Top-Restauration der Schwabenlandhalle. Ungeheuer stolz war ich, in einem so gehobenen Restaurant lernen zu dürfen! Fast täglich bin ich mit den Rollschuhen von Oeffingen nach Fellbach gefahren. Und beim Rollschuh-Fahren durften wir Lehrlinge uns auch in der Tiefgarage austoben. Nach Dienstende war oft noch Zeit, den Rest der Veranstaltungen anzuschauen: Großartige Künstler habe ich dort erlebt. Als Ehre empfand ich es, wenn ich als Lehrling der »weißen Brigade«, die in der Küche ihren Platz hat, den Gästen unter Aufsicht von Küchenchef Günther Butz vorlegen durfte. So gehört der Platz vor der Halle, den ich so oft mit Rollschuhen überquert habe, zu meinen angenehmsten Erinnerungen.

Joachim Habiger

JOACHIM HABIGER • Seine Ausbildung zum Koch und Konditor hat der gebürtige Oeffinger im Restaurant »Alt Württemberg« in der Schwabenlandhalle absolviert. 1996 gründete er mit »SüssDeko« sein eigenes Schulungsatelier in Fellbach: eine Kreativwerkstatt mit umfassenden Seminarangeboten. Der Food-Artist ist Autor zahlreicher Fachbücher.

Ute Hirsch

Die Christuskirche

Offen und einladend

DIE CHRISTUSKIRCHE WURDE 2003 EINGEWEIHT. Das markante Gebäude mit der geschwungenen Dachkonstruktion ist offen und licht gestaltet. Die transparenten Räume gewähren Einblicke ins rege Leben der evangelisch–methodistischen Gemeinde.

Links: Immer wieder hat die Evangelisch-methodistische Christuskirche ihr Gesicht verändert.

Kleines Foto: Ein Wandbild im Gottesdienstraum stellt für Ute Hirsch die ganze Welt dar.

Die Christuskirche gehört zu meinem Leben. Drei Mal hat sie sich im Laufe der Zeit verändert. Im alten Gebäude der Evangelisch-methodistischen Kirche bin ich 1950 getauft, in der dann umgebauten Kirche eingesegnet worden, habe dort geheiratet und auch unsere Kinder sind hier getauft worden. Der schönste Platz im heutigen Neubau, der die dritte und grundlegendste Veränderung bedeutet, ist für mich der Gottesdienstraum mit seiner Apsis und dem grünen Kreuz, einem Zeichen der Hoffnung. Das Wandbild stellt für mich die ganze Welt dar und zeigt mir auch die entferntesten Inseln und Orte.

Ute Hirsch

UTE HIRSCH • Sie ist eine der tragenden Säulen der Evangelisch-methodistischen Kirche. Als Bezirkslaienführerin bildet sie mit dem Pastor eine »Doppelspitze«. Seit vielen Jahren engagiert sie sich als Predigthelferin und leitet auch den Frauen- und Seniorenkreis ihrer Gemeinde. Zeitlebens ist die Ur-Fellbacherin nie umgezogen. Sie wohnt mit ihrer Familie immer noch im selben Haus.

Dr. Michael Schaufler

Kulturlandschaft beim Kappelbergtunnel

Kirschen klauen

DER LÄNDLICHE CHARAKTER FELLBACHS ist auch heute noch allerorten spürbar. Entstanden ist die Siedlung wohl in der Zeit zwischen 950 und 1050, als der Weinbau in der Region an Bedeutung gewann. Im Mittelalter, als die Herren von Velbach im Dienste der Grafen von Wirtemberg die Macht ausübten, standen noch stattliche Bauernhöfe im Ortskern. Noch Anfang des letzten Jahrhunderts galt

Fellbach mit rund 10 000 Einwohnern als größte Landgemeinde Württembergs. Erst am 14. Oktober 1933 wurde Fellbach durch Entschließung des Württembergischen Staatsministeriums zur Stadt erhoben. An den ländlichen Ursprung erinnert das Wappen der Stadt mit seinen stilisierten Wolfsangeln. Heute gilt als Fellbacher Erfolgsrezept die glückliche Verbindung aus Landwirtschaft, Handwerk und Industrie.

Der ideale Platz für einen viel beschäftigten Arzt wie Dr. Michael Schaufler, um Ruhe zu finden und den Kopf frei zu kriegen.

Was mir an Fellbach vor allem gefällt: Von jedem Platz in der Stadt aus ist man in kurzer Zeit auf dem Land. Eine besondere Bedeutung hat für mich die Gegend um den Kappelbergtunnel herum. Alle Spaziergänger der Stadt trifft man hier, und auch ich bin als Jugendlicher dort mit unserem Schäferhundmischling Max gelaufen. Es ist eine alte, gewachsene Kulturlandschaft mit Streuobstwiesen, Weinbau und Freitzeitgrundstücken. Viele alte Bäume am Wegrand werden heute nicht mehr abgeerntet. Früher haben wir da Kirschen, Äpfel, Beeren und Zwetschgen geklaut. Wenn ich meine Eltern besuche, die noch immer »Im Keiferle« wohnen, schnappe ich mir manchmal den Hund, der inzwischen ein anderer Mischling ist und Moritz heißt, und gehe dort spazieren. Nichts ist besser, um zur Ruhe zu finden und den Kopf freizukriegen.

Dr. Michael Schaufler

DR. MICHAEL SCHAUFLER • Der Orthopäde und Unfallchirurg ist in Fellbach aufgewachsen. Er hat in Tübingen Medizin studiert und leitet heute zusammen mit den Fachärzten Manuel Haag und Dr. Eberhard Kienzle die Orthopädische Praxisklinik »Centrum30« in Fellbach mit den Schwerpunkten Gelenkchirurgie, Sportmedizin und konservative orthopädische Therapie.

Sebastian Lucke

Das Waiblinger Kreuz

Raum für die Gedanken

DAS WAIBLINGER KREUZ IST EIN FELDKREUZ hinter dem Besinnungsweg Oeffingen. Nur wenige Meter entfernt ist der höchste Punkt der Umgebung, von dem aus man bis nach Hegnach und auf den Waiblinger Hartwald auf der einen und nach Oeffingen auf der anderen Seite blicken kann. Der Weg zum Waiblinger Kreuz führt an der Kreuzkapelle vorbei durch Felder und Baumschulen, deren fruchtbare Böden ideale Voraussetzungen für alle Arten von Vegetation bieten. Früher war dieses Feldkreuz der Zielort der Oeffinger Öschprozession, bei der an Christi Himmelfahrt um Gottes Segen für eine reiche Ernte gebetet wurde.

Ein schlichtes Feldkreuz – aber für Sebastian Lucke die Heimat.

Wie viele andere Menschen auch kann ich das heimelige Gefühl, nach längerer Abwesenheit wieder nach Hause zu kommen, an ganz bestimmten Wegzeichen festmachen. Das Waiblinger Kreuz ist so ein Wegzeichen für mich, jedenfalls wenn ich nach längeren Radtouren oder ausgedehnten Joggingrunden wieder Richtung Oeffingen einbiege. Dieses schlichte Feldkreuz ist für mich Heimat. Als Mensch, der dem Glauben sehr verbunden ist, kann ich hier meine Gedanken schweifen lassen, kann auf einer der Bänke den Alltag vergessen und mich in Träumen verlieren. Und der Blick öffnet sich weit in alle Richtungen und gibt den Gedanken Raum.

Sebastian Lucke

SEBASTIAN LUCKE • Der Diplom-Ingenieur ist in Oeffingen geboren. Bei den Stuttgarter Straßenbahnen (SSB) ist Sebastian Lucke Leiter der Fahrzeugtechnik für Schienenfahrzeuge. Als Projektleiter des neuen Stadtbahnwagens Typ S-DT 8.12 führte ihn eine der ersten Erprobungsfahrten mit dieser zwölften Fahrzeugserie der Stadtbahn nach Fellbach, wo die formschöne Eleganz der gelben Fahrzeuge auf großes Interesse stieß. Sebastian Lucke, der selbst täglicher Fahrgast in Bahn und Bus ist, hofft, dass dieses moderne Fahrzeug bald regelmäßig auch in Fellbach zum Einsatz kommt.

Günther Decool

Kirchhof und Dionysiuskirche in Schmiden

Ein unglaubliches Kleinod

DIE EVANGELISCHE KIRCHE ZU DEN HEILIGEN DIONYSIUS UND BARBARA im Fellbacher Stadtteil Schmiden wurde ursprünglich als Chorturmkirche erbaut. Erhalten ist der veränderte Chorturm des 12. Jahrhunderts. Chor und Schiff stammen aus dem 15. Jahrhundert. Im Chor gibt es Wandmalereien von 1470/80. Im benachbarten Pfarrhaus wurde der Kirchenhistoriker Ferdinand Christian Baur geboren, auf den eine Gedenktafel hinweist. Das Kriegerdenkmal im Friedhof ist eine Arbeit von Günther Decool, ebenso die Gedenktafel für Christian Bauer.

Die Dionysiuskirche erinnert an starke Persönlichkeiten wie Pfarrer Schnaufer und Rektor Wurzbach. Das Kriegerdenkmal im Friedhof wurde von Günther Decool gestaltet.

Immer lebt dieser Ort in mir: der romanische Kirchturm, der Kirchhof mit seinen freundlichen Hinweisen auf unsere Vergänglichkeit. Jeden Tag blicke ich von meinem Fenster auf den Turm, der wundersame Erinnerungen in mir weckt, Gefühle und Gerüche wiederaufleben lässt. Vor meinen Augen erwachen der Sommergottesdienst im Pfarrgarten, die Lieder, das gedämpfte Licht des Kirchturmschattens. Die Kirche mit ihren klaren Linien, die engen romanischen Fenster wecken in mir Erinnerungen an die so starken Persönlichkeiten von Pfarrer Schnaufer und Rektor Wurzbach – Erinnerungen, die etwas sehr Besonderes für mich sind. Diese Symbiose zwischen der Umgebung und der Kraft der beiden so ungewöhnlichen Menschen war etwas Herrliches. Sie hat meinen Lebensweg geprägt. Dieser Ort – ein unglaubliches Kleinod!

Günther Decool

GÜNTHER DECOOL • Der Fellbacher Künstler, dessen Eltern eine Blumen-Gärtnerei in Schmiden betrieben, machte zunächst eine Lehre als Florist, bevor er sich an der Freien Kunstschule Stuttgart einschrieb. Decool ist freischaffender Künstler mit Schwerpunkten in Malerei und dreidimensionalem Gestalten. Zahlreiche Ausstellungen über den Verband Bildender Künstler Württemberg und öffentliche Arbeiten in Fellbach, darunter der Bacchusbrunnen vor der Neuen Kelter.

Dr. Ralf Kantak

Der Raiffeisenplatz

Das große Thema »Genossenschaft«

DIE FIGURENGRUPPE »GENERATIONEN« AM RAIFFEISENPLATZ wurde 2010 von den Künstlern Albert Bausch und Orlando Baisch im Auftrag der SDK gestaltet. Sie sollten eine generationenübergreifende Familiensituation darstellen, die den Raiffeisenplatz in ein Kommunikationsforum verwandelt. Damit sollte dazu eingeladen werden, sich mit dem Grundsatz der SDK auseinanderzusetzen: einem generationsübergreifenden Tarifwerk. Die überlebensgroßen Figuren wurden mit Kettensägen aus vier jeweils zwei Tonnen schweren Eichenstämmen gesägt. Trotz des Gewichtes und der Massivität der Skulpturen ist es den Künstlern gelungen, ihnen Bewegung einzuhauchen: Die Gesten der Großeltern wirken ruhig, die der Eltern aktiv, die der Kinder sogar richtig wuselig.

»RAIFFEISENPLATZ«, SO HEISST SEIT 2001 DER PLATZ vor der Süddeutschen Krankenversicherung. Damit wird an den Gründer des deutschen landwirtschaftlichen Genossenschaftswesens, Friedrich Wilhelm Raiffeisen (1818–1888) erinnert und gleichzeitig die enge Verbindung der SDK zum genossenschaftlichen System unterstrichen.

Dieser Platz ist Friedrich Wilhelm Raiffeisen gewidmet, dem Gründer des deutschen landwirtschaftlichen Genossenschaftswesens. Auf seinen Ideen beruht auch die 1926 vom Generalsekretär des Deutschen Bauernverbandes gegründete Süddeutsche Krankenversicherung, die ihren Sitz in Fellbach hat.

Es kommt nicht von ungefähr, dass die Süddeutsche Krankenversicherung am Raiffeisenplatz liegt. Vielmehr hat dieser Platz einen erheblichen Symbolcharakter für uns alle, die wir hier arbeiten. Friedrich Wilhelm Raiffeisen hatte im 19. Jahrhundert die revolutionäre Idee zur genossenschaftlichen Selbsthilfe. Der Sozialreformer hat damit unzählige Menschen vor Verarmung und Hungertod bewahrt. Immer wieder, wenn ich diesen Platz auf dem Weg zur Arbeit überquere, werde ich an Raiffeisens von christlicher Nächstenliebe geprägten Einsatz für die Menschen erinnert. Durch unsere genossenschaftliche Prägung und unsere langjährige Zusammenarbeit mit der genossenschaftlichen FinanzGruppe sehen wir uns in seiner Nachfolge. Die Süddeutsche Krankenversicherung ist ja keine große »AG«, die ihren Aktionären verpflichtet ist, sondern eine kleine »a. G.«, die auf Gegenseitigkeit beruht. Unser ganzes Denken und Handeln richten wir an den Bedürfnissen unserer Mitglieder aus. Die Figurengruppe am Rand des Platzes, »Generationen« genannt, symbolisiert die Menschen, für die wir unsere Arbeit tun: Genau ihnen wollen wir durch unsere Produkte und Dienstleistungen helfen, gesund zu bleiben oder wieder gesund zu werden.

Dr. Ralf Kantak

DR. RALF KANTAK • Ab 2008 war Dr. Ralf Kantak Vorstand für Vertrieb und Marketing bei der Württembergischen Versicherung AG und der Württembergischen Lebensversicherung AG. Seit April 2013 gehört er dem Vorstand der Süddeutschen Krankenversicherung an, dem größten Arbeitgeber in Fellbach. Am 1. Juli 2013 übernahm Dr. Kantak dann den Vorstandsvorsitz von seinem Vorgänger Klaus Henkel.